PONS

PRAXIS-SPRACHFÜHRER

RUSSISCH

PONS GmbH
Stuttgart

PONS Praxis-Sprachführer
RUSSISCH

Bearbeitet von: Natalie Kushnir, Torsten Lasse, Ekaterina Wall, Dr. Christiane Wirth

1. Auflage 2021 (1,01 - 2021)

www.pons.de
E-Mail: kundenservice@pons.de

Umschlagfoto: shutterstock/saiko3p
Logoentwurf: Erwin Poell, Heidelberg
Satz: Lumina Datamatics Ltd.
Logoüberarbeitung: Sabine Redlin, Ludwigsburg

Druck und Bindung: Publikum d.o.o.

ISBN 978-3-12-518024-6

Liebe Leserin, lieber Leser,

Sie reisen nach Russland und suchen die passende Sprachbegleitung? Mit dem Praxis-Sprachführer von PONS haben Sie immer die wichtigsten Sätze und Worte besonders schnell zur Hand.

Ob Sie mal eben nach dem Weg fragen oder eine Übernachtung buchen möchten: In **sechs thematischen Kapiteln** finden Sie den passenden vorformulierten Satz für jede Situation. Und wenn es schnell gehen muss, schlagen Sie einfach im **Russisch-Deutschen**, **Deutsch-Russischen** Wörterbuch nach, der den wichtigsten Wortschatz von A wie *Abflug* bis Z wie *Zug* für Sie enthält.

Alle Themen sind für Sie mit dem innovativen Farbleitsystem gekennzeichnet und dadurch ohne langes Blättern ganz einfach zu finden. Die **praktische Ringbindung** unterstützt Sie dabei ganz besonders in der Handhabung dieses Sprachführers: Einmal im Restaurant z.B. die Speisekarte aufgeschlagen, können Sie den Sprachführer bequem wieder in die Tasche stecken und bei Bedarf erneut herausziehen und haben immer die Speisekarte parat, ohne erneutes langes Blättern.

Ganz gleich ob Sie einen Kurztrip oder eine längere Reise planen: Der Praxis-Sprachführer von PONS bietet Ihnen alles was Sie brauchen, um sich unterwegs schnell, bequem und sicher zu verständigen.

Eine schöne Reise wünscht Ihnen

Ihre

PONS Redaktion

INHALT

ESSEN UND TRINKEN 57

EINKAUFEN 79

KÖNNEN SIE MIR DAS BUCHSTABIEREN?

In manchen Situationen z. B. am Telefon hilft meist nur das Buchstabieren. Damit es dabei zu keinen Missverständnissen kommt, anbei für Sie das russische Alphabet mit der richtigen Aussprache.

А	а	[a]	Р	р	[är]
Б	б	[bä]	С	с	[äß]
В	в	[wä]	Т	т	[tä]
Г	г	[gä]	У	у	[u]
Д	д	[dä]	Ф	ф	[äf]
Е	е	[je]	Х	х	[cha]
Ё	ё	[jo]	Ц	ц	[zä]
Ж	ж	[shä]	Ч	ч	[tsche]
З	з	[sä]	Ш	ш	[scha]
И	и	[i]	Щ	щ	[schtscha]
Й	й	[ikrátkʌje]	Ъ	ъ	[tw^{j}órdyj snak]
К	к	[ka]	Ы	ы	[y]
Л	л	[el^{j}]	Ь	ь	[m^{j}áchk^{j}ij snak]
М	м	[äm]	Э	э	[ä (ä abarótnʌje)]
Н	н	[än]	Ю	ю	[ju]
О	о	[o]	Я	я	[ja]
П	п	[pä]			

Mit dieser Liste finden Sie sich im PONS Praxis-Sprachführer Russisch schnell zurecht.

„WAS BEDEUTET ...?“

adv	Adverb, Umstandswort
adj	Adjektiv, Eigenschaftswort
akk	Akkusativ, 4. Fall
dat	Dativ, 3. Fall
etw	etwas
f	Femininum, weiblich
gen	Genitiv, 2. Fall
imperat	Imperativ
inf	Infinitiv, Grundform des Verbs
instr	Instrumental, 5. Fall
ipf	imperfektiv, unvollendeter Verbalaspekt
jdm	jemandem
jdn	jemanden
m	Maskulinum, männlich
n	Neutrum, sächlich
nom	Nominativ, 1. Fall
od.	oder
pers pron	Personalpronomen, persönliches Fürwort
pf	perfektiv, vollendeter Verbalaspekt
pl	Plural, Mehrzahl
poss pron	Possessivpronomen, besitzanzeigendes Fürwort
präp	Präpositiv, 6. Fall
s.	sich
sing	singular
subst	Substantiv, Hauptwort
u.	und

Das Moskauer Geschäftsviertel bei Sonnenuntergang

DIE BASICS

Brot und Salz: eine traditionelle Willkommensgeste

Das Allernotwendigste

Ja.
Да. [da]

Nein.
Нет. [nʲet]

Bitte.
Пожа́луйста. [pashálßtʌ]

Danke!
Спаси́бо! [ßpaßʲíbʌ]

Vielen Dank!
Большо́е спаси́бо! [balʲschóje ßpaßʲíbʌ]

Danke, gleichfalls!
Спаси́бо, Вам то́же! [ßpaßʲíbʌ wam tóshy]

Bitte!/Nichts zu danken!
Пожа́луйста!/Не́ за что! [pashálßtʌ/nʲé-sʌ-schtʌ]

Wie bitte?
Извини́те, что Вы сказа́ли? [iswʲinʲítʲe schto wy ßkasálʲi]

Natürlich!
Коне́чно! [kanʲéschnʌ]

SEID GESUND!

Eine Begrüßungsformel für jede Tageszeit und Gelegenheit ist **Здра́вствуйте!** [sdráßtwujtʲe!] (*Seid gesund!*). Wenn man sich an eine Person wendet, mit der man sich duzt, heißt es **Здра́вствуй!** [sdráßtwuj!].

REDE UND ANTWORT

Statt mit **да** [da] (*ja*) antwortet man oft mit dem Wort, nach dem gefragt wurde:

Вы сего́дня прие́хали? [wy ßʲiwódnʲʌ prʲijächʌlʲi] (*Sind Sie heute angekommen?*) – **Сего́дня.** [ßʲiwódnʲʌ] (*Heute.*)

У Вас есть са́хар? [u-wáß jeßʲtʲ ßáchʌr] (*Haben Sie Zucker?*, wörtlich: *Gibt es bei Ihnen Zucker?*) – **Есть.** [jéßʲtʲ] (*Es gibt.*)

Okay!
Хорошо́! [chʌraschó]

Entschuldigung!
Извини́те! [iswʲinʲítʲe]

Das reicht jetzt!
Всё, хва́тит! [fßʲó chwátʲit]

Hilfe!
Помоги́те! [pʌmagʲítʲi]

Ich hätte gern …
Я бы хоте́л (*m*)/хоте́ла (*f*) … (*+ akk*)
[ja by chatʲél/chatʲélʌ …]

Gibt es …?
Есть ли …? [jeßʲtʲ lʲi …]

Im Gespräch

BEGRÜSSEN

Guten Morgen!
До́брое у́тро! [dóbrʌje útrʌ]

Guten Tag!
До́брый день! [dóbryj dʲenʲ]

Guten Abend!
До́брый ве́чер! [dóbryj wʲétschir]

Hallo!/Grüß dich!
Приве́т! [prʲiwʲét]

Wie geht es Ihnen?
Как Вы пожива́ете? [kak wy pʌshywájitʲi]

Wie geht's?
Как дела́? [kag dʲilá]

Danke. Und Ihnen/dir?
Спаси́бо. А у Вас?/у тебя́? [ßpaßʲíbʌ. a u-wáß/u-tʲibʲá]

SICH VORSTELLEN

Wie ist Ihr Name?
Как Вас зову́т? [kak waß sawút]

Wie heißt du?
Как тебя́ зову́т? [kak tʲibjá sawút]

Ich heiße ...
Меня́ зову́т ... [mʲinʲá sawút ...]

DREITEILIG

Russische Namen bestehen aus drei Teilen: Vorname (**и́мя** [ímʲʌ]), Vatersname (**о́тчество** [ótschißtwʌ]) und Familienname (**фами́лия** [famʲílʲijʌ]). Der Vatersname wird vom Vornamen des Vaters durch Anhängen von **-ович** [-ʌwʲitsch] oder **-евич** [-jiwʲitsch] bei Männern und von **-овна** [-ʌwnʌ] oder **-евна** [-jiwnʌ] bei Frauen gebildet (z. B. **Ива́н Ива́нович** [iwán – iwánʌwʲitsch] bzw. **Ива́новна** [iwánʌwnʌ]). Der Familienname der Frau trägt oft eine weibliche Endung. Die höflichste Anredeform unter Russen besteht aus Vor- und Vatersnamen. Ausländern gegenüber ist sie nicht üblich; sie werden mit **господи́н/госпожа́** [gʌßpadʲín/gʌßpashá] und Familiennamen angesprochen.

Darf ich bekannt machen?
Знако́мьтесь! Разреши́те предста́вить! [snakómʲtʲißʲ! rʌsrʲischýtʲi prʲitßtáwʲitʲ]

Das ist …
Э́то … [ắtʌ …]

- *Frau X.*
  госпожа́ X. [gʌßpashá …]
- *Herr X.*
  господи́н X. [gʌßpadʲín …]
- *mein Mann.*
  мой муж. [moj musch]
- *meine Frau.*
  моя́ жена́. [majá shyná]
- *mein Partner/meine Partnerin.*
  мой партнёр/моя партнёрша. [moj partnʲór/majá partnʲórschʌ]
- *mein Sohn.*
  мой сын. [moj ßyn]
- *meine Tochter.*
  моя́ дочь. [majá dotsch]
- *mein Freund.*
  мой друг. [moj druk]
- *meine Freundin.*
  моя́ подру́га. [majá padrúgʌ]

SICH VERABSCHIEDEN

Auf Wiedersehen!
До свида́ния! [dʌ-ßwʲidánʲjʌ]

Bis bald!
До ско́рой встре́чи! [da-ßkórʌj fßtrʲétschi]

Bis morgen!
До за́втра! [da-sáftrʌ]

Mach's gut!
Счастли́во! [schtschißlʲíwʌ]

Gute Nacht!
Споко́йной но́чи! [ßpakójnʌj nótschi]

Tschüss!
Пока́! [paká]

Gute Reise!
Счастли́вого пути́! [schtschißlʲíwʌwʌ putʲí]

Es war schön, Sie/dich kennen zu lernen.
Было прия́тно познако́миться с Ва́ми/с тобо́й.
[býlʌ prʲijátnʌ pʌsnakómʲizʌ ß wámi/ß tabój]

Höflichkeit

BITTE

Bitte.
Пожа́луйста. [pashálßtʌ]

Ja, bitte.
Да, пожа́луйста. [da, pashálßtʌ]

Nein, danke!
Нет, спаси́бо! [nʲet, ßpaßʲíbʌ]

Entschuldigen Sie bitte, darf ich Sie etwas fragen?
Извини́те, пожа́луйста, мо́жно Вас спроси́ть?
[iswʲinʲítʲe, pashálßtʌ, móshnʌ waß ßpraßʲítʲ]

Können Sie mir bitte sagen, …
Не могли́ бы Вы мне сказа́ть, …
[nʲi-maglʲí by wy mnʲe ßkasátʲ]

Könnten Sie mir vielleicht helfen?
Не могли́ бы Вы мне помо́чь?
[nʲi-maglʲí by wy mnʲe pamótsch]

Darf ich Sie um einen Gefallen bitten?
Могу́ ли я Вас попроси́ть об одолже́нии?
[magú lʲi ja waß pʌpraßʲítʲ ab-ʌdalshǻnʲii]

ENTSCHULDIGUNG

Entschuldigung!
Извините! [iswʲinʲítʲe]

Das tut mir sehr leid!
Óчень сожалéю! [ótschinʲ ßʌshylʲéju]

Tut mir leid, dass ich zu spät komme.
Простите/прости, что я опоздáл/опоздáла!
[praßʲtʲítʲi/praßʲtʲí, schtʌ ja apasdál/apasdála]

Verzeihung!
Простите! [praßʲtʲítʲe]

Keine Ursache!/Macht nichts!
Ничегó стрáшного!/Не беспокóйтесь!
[nʲitschiwó ßtráschnʌwʌ/nʲi-bʲißpakójtʲißʲ]

Wer? Wie? Was?

Wer?
Кто? [kto]

Was?
Что? [schto]

Welcher?/Welche?/Welches?/Welche?
Какóй?/Какáя?/Какóе?Какúе? *(m/f/nt/pl)*
[kakój/kakájʌ/kakóje/kakʲíji]

Wem?
Комý? [kamú]

Wen?
Когó? [kawó]

Wo?
Где? [gdʲe]

Wo ist ...?/Wo sind ...?
Где ...? [gdʲe ...]

Warum?
Почему́? [pʌtschimú]

Wozu?
Заче́м? [satschém]

Wie viel?
Ско́лько? *(+ gen sing)* [ßkól^{j}kʌ]

Wie lange?
Как до́лго? [kak dólgʌ]

Wann?
Когда́? [kagdá]

Um wie viel Uhr?
В кото́ром часу́? [f-katórʌm tschißú]

Zeitangaben

Wie spät ist es?
Кото́рый час? [katóryj tschaß]

Es ist …
Сейча́с … [ß^{j}itscháß]

- *(genau) 3 Uhr.*
  (ро́вно) три часа́. [(równʌ) tr^{j}i tschißá]
- *5 nach 3.*
  пять мину́т четвёртого. [p^{j}at^j m^{j}inút tschitw^{j}órtʌwʌ]
- *3 Uhr 10.*
  три часа́ де́сять мину́т. [tr^{j}i tschißá d^{j}éß^{j}it^j m^{j}inút]
- *Viertel nach 3.*
  че́тверть четвёртого. [tschétw^{j}irt^j tschitw^{j}órtʌwʌ]
- *halb 4.*
  полчетвёртого. [poltschitw^{j}órtʌwʌ]
- *Viertel vor 4.*
  без че́тверти четы́ре. [b^{j}iß-tschétw^{j}irt^{j}i tschitýr^{j}e]

– 5 vor 4.
без пяти́ четы́ре. [b^{j}iß-p^{j}it^{j}í tschitýr^{j}e]
– (12 Uhr) Mittag/Mitternacht.
по́лдень/по́лночь. [póld^{j}in^j/pólnʌtsch]

Um wie viel Uhr?/Wann?
Во ско́лько?/Когда́? [wa-ßkól^{j}kʌ/kagdá]

Um 2 Uhr.
В два часа́. [w-dwa tschißá]

Gegen 4 Uhr.
Приме́рно в четы́ре часа́.
[pr^{j}im^{j}érnʌ f-tschitýr^{j}e tschißá]

In einer Stunde.
Че́рез час. [tschér^{j}iß-tschʌß]

In zwei Stunden.
Че́рез два часа́. [tschér^{j}is-dwá tschißá]

Nicht vor 9 Uhr morgens.
Не ра́ньше девяти́ часо́в утра́.
[n^{j}i-rán^{j}schy d^{j}iw^{j}it^{j}í tschißóf utrá]

Nach 8 Uhr abends.
По́сле восьми́ часо́в ве́чера.
[póßl^{j}e waß^{j}m^{j}í tschißóf w^{j}étschirʌ]

Wie lange?
Как до́лго? [kak dólgʌ]

Zwei Stunden (lang).
Два часа́. [dwa tschißá]

Von 10 bis 11.
С десяти́ до оди́ннадцати
[ß-d^{j}iß^{j}it^{j}í dʌ-ad^{j}ínʌzʌt^{j}i]

Seit wann?
С како́го вре́мени? [ß-kakówʌ wr^{j}ém^{j}in^{j}i]

Seit 8 Uhr morgens.
С восьми́ утра́. [ß-waß^{j}m^{j}í utrá]

Seit einer halben Stunde (...).
Ужé полчасá (как ...). [ushé poltschißá (kak ...)]

Seit acht Tagen (...).
Ужé вóсемь дней (как ...). [ushé wóßʲimʲ dnʲej (kak ...)]

ab und zu	врéмя от врéмени [wrʲémʲʌ at-wrʲémʲinʲi]
abends	вéчером [wʲétschirʌm]
am Sonntag	в воскресéнье [w-wʌßkrʲißʲénʲje]
am Wochenende	на выходны́х [na wychadným]
bald	скóро [ßkórʌ]
diese Woche	на э́той недéле [na-ätʌj nʲidʲélʲe]
früh	рáно [ránʌ]
früher	рáньше [ránʲschy]
gegen Mittag	óколо полу́дня [ókʌlʌ palúdnʲʌ]
gestern	вчерá [ftschirá]
heute	сегóдня [ßʲiwódnʲʌ]
heute Morgen/ heute Abend	сегóдня у́тром/ сегóдня вéчером [ßʲiwódnʲʌ útrʌm/ ßʲiwódnʲʌ wʲétschirʌm]
in 10 Tagen	чéрез дéсять дней [tschérʲis-dʲéßʲitʲ dnʲej]
in einer Woche	чéрез недéлю [tschérʲis-nʲidʲélʲu]
in zwei Wochen	чéрез две недéли [tschérʲis-dwʲe nʲidʲélʲi]
innerhalb einer Woche	в течéние недéли [f-tʲitschénʲije nʲidʲélʲi]
jeden Tag	кáждый день [káshdyj dʲenʲ]
jetzt	сейчáс [ßʲijtscháß]; тепéрь [tʲipʲérʲ]
letzten Montag	в прóшлый понедéльник [f-próschlyj pʌnʲidʲélʲnʲik]
manchmal	иногдá [inagdá]

mittags	в по́лдень [f-póldʲinʲ]
morgen	за́втра [sáftrʌ]
morgen früh/ morgen Abend	за́втра у́тром/за́втра ве́чером [sáftrʌ útrʌm/ sáftrʌ wʲétschirʌm]
morgens	у́тром [útrʌm]
nachmittags/ am Nachmittag	по́сле обе́да [póßlʲe abʲédʌ]
nächstes Jahr	в сле́дующем году́ [f-ßlʲédujuschtschim gadú]
nachts	но́чью [nótschju]
spät	по́здно [pósnʌ]
später	по́зже [póshshy]
stündlich	ежеча́сно [jishytscháßnʌ]; ка́ждый час [káshdyj tschaß]
täglich	ежедне́вно [jishydnʲéwnʌ]
tagsüber	днём [dnʲóm]
übermorgen	послеза́втра [pʌßlʲisáftrʌ]
vor zehn Minuten	де́сять мину́т наза́д [dʲéßʲitʲ mʲinút nasát]
vorgestern	позавчера́ [pʌsʌftschirá]
vormittags/ am Vormittag	до обе́да [dʌ-abʲédʌ]

Zahlen

0
ноль [nolʲ]

1
оди́н *(m)* [adʲín]/одна́ *(f)* [adná]/одно́ *(nt)* [adnó]

2
два *(m, nt)* [dwa]
две *(f)* [dwʲe]

3
три [trʲi]

4
четы́ре [tschitýrʲe]

5
пять [pʲatʲ]

6
шесть [schäßʲtʲ]

7
семь [ßʲemʲ]

8
во́семь [wóßʲimʲ]

9
де́вять [dʲéwʲitʲ]

10
де́сять [dʲéßʲitʲ]

11
оди́ннадцать [adʲínʌzʌtʲ]

12
двена́дцать [dwʲinázʌtʲ]

13
трина́дцать [trʲinázʌtʲ]

14
четы́рнадцать
[tschitýrnʌzʌtʲ]

15
пятна́дцать [pʲitnázʌtʲ]

16
шестна́дцать
[schyßnázʌtʲ]

17
семна́дцать [ßʲimnázʌtʲ]

18
восемна́дцать
[wʌßʲimnázʌtʲ]

19
девятна́дцать
[dʲiwʲitnázʌtʲ]

20
два́дцать [dwázʌtʲ]

21
два́дцать оди́н/одна́/
одно́ *(m/f/nt)* [dwázʌtʲ
adʲín/adná/adnó]

22
два́дцать два/две
(m, nt/f) [dwázʌtʲ dwa/dwʲe]

23
два́дцать три [dwázʌtʲ trʲi]

24
два́дцать четы́ре
[dwázʌtʲ tschitýrʲe]

25
два́дцать пять
[dwázʌtʲ pʲatʲ]

26
два́дцать шесть
[dwázʌtʲ schäßʲtʲ]

27
два́дцать семь
[dwázʌtʲ ßʲemʲ]

28
два́дцать во́семь
[dwázʌtʲ wóßʲimʲ]

29
два́дцать де́вять
[dwázʌtʲ dʲéwʲitʲ]

30
три́дцать [trʲízʌtʲ]

31
три́дцать оди́н/одна́/
одно́ *(m/f/nt)*
[trʲízʌtʲ adʲín/adná/adnó]

32
трúдцать два/две *(m, nt/f)* [trʲízʌtʲ dwa/dwʲe]

40
сóрок [ßórʌk]

50
пятьдеся́т [pʲidʲißʲát]

60
шестьдеся́т [schysʲdʲißʲát]

70
сéмьдесят [ßʲémʲdʲißʲit]

80
вóсемьдесят [wóßʲimdʲißʲit]

90
девянóсто [dʲiwʲinóßtʌ]

100
сто [ßto]

101
сто одúн/однá/однó *(m/f/nt)* [ßto adʲín/adná/adnó]

200
двéсти [dwʲéßʲtʲi]

300
трúста [trʲíßtʌ]

1 000
ты́сяча [týßʲitschʌ]

2 000
две ты́сячи [dwʲe týßʲitschi]

3 000
три ты́сячи [trʲi týßʲitschi]

10 000
дéсять ты́сяч [dʲéßʲitʲ týßʲitsch]

100 000
сто ты́сяч [ßto týßʲitsch]

1 000 000
миллиóн [mʲilʲión]

2019
две ты́сячи девятнáдцатый [dwʲe-týßʲitschi dʲiwʲitnázʌtyj]

2020
две ты́сячи двадцáтый [dwʲe-týßʲitschi dwazátyj]

1/2
половúна [pʌlawʲínʌ]

1/3
треть *(f)* [trʲetʲ]

1/4
чéтверть *(f)* [tschétwʲirtʲ]

3/4
три чéтверти [trʲi tschétwʲirtʲi]

1.
пéрвый/пéрвая/пéрвое *(m/f/nt)* [pʲérwyj/pʲérwʌjʌ/pʲérwʌje]

2.
второ́й/втора́я/второ́е *(m/f/nt)*
[ftarój/ftarájʌ/ftaróje]

3.
тре́тий/тре́тья/тре́тье *(m/f/nt)*
[trʲétʲij/trʲétʲjʌ/trʲétʲje]

4.
четвёртый/четвёртая/четвёртое *(m/f/nt)*
[tschitwʲórtyj/tschitwʲórtʌjʌ/tschitwʲórtʌje]

3,5 %
три це́лых и пять деся́тых проце́нта
[trʲi zǻlych i pʲatʲ dʲißʲátych prazǻntʌ]

Millimeter
миллиме́тр [mʲilʲimʲétr]

Zentimeter
сантиме́тр [ßʌntʲimʲétr]

Meter
метр [mʲétr]

Kilometer
киломе́тр [kʲilamʲétr]

Liter
литр [lʲitr]

Gramm
грамм [gram]

Kilogramm
килогра́мм [kʲilagrám]

27° C
два́дцать семь гра́дусов
[dwázʌtʲ ßʲemʲ grádußʌf]

-5° C
ми́нус пять (гра́дусов)
[mʲínuß pʲatʲ (grádußʌf)]

Eine Erfrischung während der Zugreise

UNTERWEGS

Einreisen

Ihren Pass, bitte!
Ваш пáспорт, пожáлуйста! [wasch páßpʌrt pashálßtʌ]

Haben Sie ein Visum?
У Вас есть вúза? [u-wáß jeß^{j}t^j w^{j}ísʌ]

Kann ich das Visum hier bekommen?
Мóжно получúть вúзу здесь?
[móshnʌ pʌlutschít^j w^{j}ísu s^{j}d^{j}eß^j]

Haben Sie etwas zu deklarieren?
У Вас есть тóвары, кóторые нáдо внестú в декларáцию?
[u-wáß jeß^{j}t^j tawáry katóryje nádʌ wn^{j}iß^{j}t^{j}í w-d^{j}iklarázyju]

Muss ich das verzollen?
За э́то нáдо платúть пóшлину?
[sa-ä́tʌ nádʌ plat^{j}ít^j póschl^{j}inu]

PERSONALIEN

Familienname	фамúлия [fam^{j}íl^{j}ijʌ]
Geburtsdatum	дáта рождéния [dátʌ rashd^{j}én^{j}ijʌ]
Geburtsname	дéвичья фамúлия [d^{j}éw^{j}itschjʌ fam^{j}íl^{j}ijʌ]
Geburtsort	мéсто рождéния [m^{j}éßtʌ rashd^{j}én^{j}ijʌ]
Personalien	лúчные свéдения [l^{j}ítschnyje ßw^{j}éd^{j}in^{j}ijʌ]
Staatsangehörigkeit	граждáнство [grashdánßtwʌ]
Vorname	úмя *(nt)* [ím^{j}ʌ]
Wohnort	мéсто жúтельства [m^{j}éßta shýt^{j}il^{j}ßtwʌ]

AN DER GRENZE

Ausreise выезд [wýjißt]
Einreise въезд [wjeßt]
EU-Bürger гражданин Европейского союза (ЕС) [grʌshdʌnʲín jiwrapʲéjßkʌwʌ ßajúsʌ (je-ä́ß)]
Führerschein водительские права [wadʲítʲilʲßkʲije prawá]
Grenze граница [granʲízʌ]
Grenzübergang пограничный контрольно-пропускной пункт [pʌgranʲítschnyj kantrólʲnʌ-prʌpußknój punkt]; КПП [kʌ-pä́-pä́)]
grüne Versicherungskarte зелёная страховая карта [sʲilʲónʌjʌ ßtrʌchawájʌ kártʌ]
gültig действительный [dʲißtwʲítʲilʲnyj]
Nummernschild номерной знак [nʌmʲirnój snak]
Passkontrolle паспортный контроль [páßpʌrtnyj kantrólʲ]
Personalausweis удостоверение личности [udʌßtʌwʲirʲénʲije lʲítschnʌßʲtʲi]
Reisepass заграничный паспорт [sʌgranʲítschnyj páßpʌrt]
Visum виза [wʲísʌ]
Zoll *(Abgabe)* пошлина [póschlʲinʌ]
zollfrei беспошлинный [bʲißpóschlʲinnyj]
Zollgebühren таможенные пошлины *(fpl)* [tamóshynnyje póschlʲiny]
zollpflichtig облагаемый пошлиной [ablagájimyj póschlʲinʌj]

UNTERWEGS
EINREISEN

Nach dem Weg fragen

ORTSANGABEN

nach links	нале́во [nalʲéwʌ]
nach rechts	напра́во [napráwʌ]
geradeaus	пря́мо [prʲámʌ]
vor	перед ... *(+ instr)* [pʲirʲit- …]
hinter	за ... *(+ instr)* [sʌ- …]
neben	рядом с ... *(+ instr)* [rʲádʌm ß- …]
gegenüber	напро́тив ... *(+ gen)* [naprótʲif …]
hier	здесь [sʲdʲeßʲ]
dort	там [tam]
nah	бли́зко *(adv)* [blʲíßkʌ]
weit	далеко́ *(adv)* [dʌlʲikó]
nach	в ... *(+ akk)* [f-…]; на ... *(+ akk)* [nʌ-…]
Ampel	светофо́р [ßwʲitafór]
Straße	*(innerorts)* улица [úlʲizʌ]; *(Landstraße)* доро́га [darógʌ]; шоссе́ [schaßä́]
Straßenecke	у́гол [úgʌl]
Kreuzung	перекрёсток [pʲirʲikrʲóßtʌk]
Kurve	поворо́т [pʌwarót]

WO GEHT ES LANG?

Entschuldigen Sie, wie komme ich nach ...? *(zu Fuß)*
Извини́те, как пройти́ к ... *(+ dat)*?
[iswʲinʲítʲe, kak prajtʲi k-…]

Entschuldigen Sie, wie komme ich nach ...?) *(fahrend)*
Извини́те, как прое́хать к ... *(+ dat)*?
[iswʲinʲítʲe, kak prajéchʌtʲ k…]

Immer geradeaus bis ...
Всё вре́мя пря́мо до ... *(+ gen)*.
[fßʲó wrʲémʲi prʲámʌ dʌ-…]

Ist das weit von hier?
Э́то далеко́ отсю́да? [ắtʌ dʌlʲikó azúdʌ]

Es ist ganz in der Nähe.
Э́то совсе́м ря́дом. [ắtʌ ßafßʲém rʲádʌm]

Ist das die Straße nach ...?
Э́то доро́га в ... *(+ akk)*?/на ... *(+ akk)*?
[ắtʌ darógʌ f-.../nʌ-...]

Tut mir leid, das weiß ich nicht.
К сожале́нию, не зна́ю. [k-ßʌshylʲénʲiju nʲi-snáju]

Gehen Sie geradeaus/nach links/nach rechts.
Иди́те пря́мо/нале́во/напра́во.
[idʲítʲe prʲámʌ/nalʲéwʌ/naprávʌ]

Überqueren Sie ...
Перейди́те ... [pʲirʲijdʲítʲe]

- *die Brücke.*
  мост. [moßt]
- *den Platz.*
  пло́щадь. [plóschtschʌtʲ]
- *die Straße.*
  у́лицу. [úlʲizu]

Sie nehmen am besten den Bus Nr. ...
Лу́чше всего́ сесть на авто́бус но́мер ...
[lútschy fßʲiwó ßʲeßʲtʲ nʌ-aftóbuß nómʲir ...]

Unterwegs mit dem Auto

A BIS Z FÜR FAHRER

Auf-/Abfahrt въезд/съезд [wjeßt/ßjeßt]
Ausfahrt вы́езд [wýjißt]
Autobahn автомагистра́ль *(f)* [aftʌmʌgʲißtrálʲ]
Autobahngebühr пла́та за прое́зд [plátʌ sʌ-prajéßt]

Bußgeld	штраф [schtraf]
GPS	GPS [dschi-pi-ä́ß]
Hauptstraße	гла́вная доро́га [gláwnʌjʌ darógʌ]
Landstraße	шоссе́ [schaßä́]
Maut	доро́жная по́шлина [daróshnʌjʌ póschlʲinʌ]
Promillegrenze	допусти́мое содержа́ние алкоголя́ в крови́ [dʌpußʲtʲímʌje ßʌdʲirshánʲije alkagólʲʌ f-krawʲí]
Radarkontrolle	рада́рный контро́ль (ско́рости) [radárnyj kantrólʲ (ßkórʌßʲtʲi)]
Rastplatz, Raststätte	(авто)стоя́нка [(aftʌ)ßtajánkʌ]
Segway®	сегве́й [ßigwä́j]
Schnellstraße	скоростна́я доро́га [ßkʌraßnájʌ darógʌ]
Stau	про́бка [própkʌ]
trampen	е́хать/прое́хать автосто́пом [jéchʌtʲ/prajéchʌtʲ aftaßtópʌm]
Wegweiser	доро́жный указа́тель [daróshnyj ukasátʲilʲ]

JE HÖHER DESTO BESSER

Es wird nicht zwischen Super und Normal unterschieden, sondern nach Oktanzahlen: А-72, А-76, АИ-80, АИ-92, АИ-93, АИ-95, АИ-98 (statt АИ steht oft nur А). Je höher die Oktanzahl, desto besser die Qualität des Kraftstoffs. Mancherorts wird zusätzlich eine Sorte **Су́пер-лю́кс** [ßúpʲir-lʲúkß] angeboten, die die höchste Qualität haben sollte. Für Autos westlicher Fabrikate wird А(И)-95 oder mehr empfohlen.

UNTERWEGS

UNTERWEGS MIT DEM AUTO

AN DER TANKSTELLE/RASTSTÄTTE

Wo ist bitte die nächste Tankstelle?
Где ближа́йшая автозапра́вочная ста́нция?
[gdʲe blʲisháјschʌjʌ aftʌsapráwʌtschnʌjʌ ßtánzyjʌ]

Gibt es hier eine Elektrotankstelle?
Здесь есть запра́вка для электромоби́лей?
[sʲdʲeßʲ jeßʲtʲ sapráfkʌ dlʲa ǻlʲéktrʌmabʲílʲij]

Ich möchte … Liter …
Мне ну́жно … ли́тров …(+ gen)
[mnʲe núshnʌ … lʲítrʌf …]

- *Benzin „A-95"*
  бензи́на «А-девяно́сто пять»
  [bʲinsʲínʌ a-dʲiwʲinóßtʌ pʲatʲ]
- *Diesel.*
  ди́зельного то́плива. [dʲísʲilʲnʌwʌ tóplʲiwʌ]

Bitte für … Rubel.
Запра́вьте, пожа́луйста, на … рубле́й.
[sapráfʲtʲe, pashálßtʌ, nʌ-… rublʲéj]

Voll tanken, bitte!
По́лный бак, пожа́луйста. [pólnyj bak, pashálßtʌ]

HINWEISE UND INFORMATIONEN

Авари́йная слу́жба
Pannenhilfe, Straßenwacht

Больни́ца
Krankenhaus

Внима́ние: де́ти!
Auf Kinder achten

Внима́ние/Осторо́жно
Vorsicht

Въезд запрещён
Einfahrt verboten

Высо́кое напряже́ние
Hochspannung

Вы́езд (с автомагистра́ли)
Autobahnausfahrt

Грузови́к
Lastwagen

Круто́й спуск
Starkes Gefälle

Не загора́живать вы́езд
Ausfahrt frei halten

ZURÜCKHALTUNG RATSAM

Über die Einhaltung der Verkehrsregeln und den technischen Zustand der Fahrzeuge wacht die staatliche Straßenverkehrssicherheitsinspektion **ГИБДД** [gʲi-bá̄-dá̄-dá̄] (**Госуда́рственная инспе́кция безопа́сности доро́жного движе́ния** [gʌßudárßtwʲinnʌjʌ inßpʲékzyjʌ bʲisapáßnʌßʲtʲi daróshnʌwʌ dwʲishá̄nʲijʌ]), die nach dem früheren Namen der Behörde gemeinhin immer noch **ГАИ** [gʌí] genannt wird. Bei Kontakten zu ihren Vertretern ist ein zurückhaltendes Auftreten ratsam.

Объéзд
Umleitung

Объезднáя дорóга
Umgehungsstraße

Опáсно
Gefahr

Опáсный поворóт
Gefährliche Kurve

Остановка запрещенá
Halteverbot

Паркóвка запрещенá
Parkverbot

Плохáя дорóга
Schlechte Fahrbahn

Скóльзко
Schleudergefahr

Стрóйка
Baustelle

PARKEN

Entschuldigen Sie bitte, gibt es hier in der Nähe eine Parkmöglichkeit?
Извини́те, здесь есть побли́зости паркóвка?
[iswʲinʲítʲe sʲdʲeßʲ jeßʲtʲ pablʲísʌßʲtʲi parkófkʌ]

Kann ich den Wagen hier abstellen?
Мóжно здесь остáвить маши́ну?
[móshnʌ sʲdʲeßʲ aßtáwʲitʲ maschýnu]

EINE PANNE

Ich habe eine Panne.
У меня́ сломáлась мáшина.
[u mʲinʲá ßlamálʌßʲ maschýnʌ]

Ich habe einen Platten.
У меня́ колесо́ спусти́ло. [u mʲinʲá kʌlʲißó ßpußʲtʲílʌ]

Ich habe kein Benzin mehr.
Бензи́н ко́нчился. [bʲinsʲín kónʲtschilßʲʌ]

Die Batterie ist leer.
Аккумуля́тор разряди́лся. [akumulʲátʌr rʌsrʲidʲílsʲʌ]

Können Sie mir Starthilfe geben?
Извини́те, вы бы не могли́ помо́чь мне завести́ маши́ну?
[izwʲinʲítʲi, wy by nʲi maglʲí pamótsch mnʲe sʌwʲißʲtʲí maschýnu]

Gibt es hier in der Nähe eine Werkstatt?
Здесь есть побли́зости автосе́рвис?
[sʲdʲeßʲ jeßʲtʲ pablʲísʌßʲtʲi aftʌßʲérwʲiß]

Abschleppdienst	слу́жба техни́ческой по́мощи [ßlúshbʌ tʲichnʲítschißkʌj pómʌschtschi]
abschleppen	букси́ровать/отбукси́ровать [bukßʲírʌwʌtʲ/adbukßʲírʌwʌtʲ]
Abschleppseil	букситро́вочный трос [bukßʲirówʌtschnyj troß]
Abschleppwagen	эвакуа́тор [ewʌkuátʌr]
Benzinkanister	кани́стра для бензи́на [kanʲíßtrʌ dlʲi-bʲinsʲínʌ]
Ersatzrad	запасно́е колесо́ [sʌpaßnóje kʌlʲißó]
Flickzeug	набо́р для ремо́нта покры́шек [nabór dlʲa rʲimóntʌ pakrýschyk]
Luftpumpe	возду́шный насо́с [wasdúschnyj naßóß]
Panne	ава́рия [awárʲijʌ]
Pannendienst	авари́йная слу́жба [awarʲíjnʌjʌ ßlúshbʌ]
Parkhaus	(многоэта́жный) па́ркинг [(mnʌgʌätáshnyj) párkʲink]
Starthilfekabel	пусковы́е провода́ *(mpl)* [pußkawýje prʌwadá]

Verbandskasten аптéчка [apt'étschkʌ]
Wagenheber домкрáт [damkrát]
Warnblinkanlage авари́йная светoвáя сигнализáция [awar'íjnʌjʌ ßw'itawájʌ ß'ignʌl'isázyjʌ]
Warndreieck предупреди́тельный треугóльник [pr'idupr'id'ít'il'nyj tr'iugól'n'ik]; знак авари́йной останóвки [snak awar'íjnʌj aßtanófk'i]
Werkzeug инструмéнты *(mpl)* [inßtrum'énty]

IN DER WERKSTATT

Wann ist der Wagen fertig?/ist das Motorrad fertig?
Когдá маши́на бýдет готóва?/мотоци́кл бýдет готóв?
[kagdá maschýnʌ búd'it gatówʌ/mʌtazýkl búd'it gatóf]

Was wird es (ungefähr) kosten?
Скóлько э́то бýдет (примéрно) стóить?
[ßkól'kʌ ắtʌ búd'it (pr'im'érnʌ) ßtóit']

Abblendlicht бли́жний свет [bl'íshn'ij ßw'et]
Alarmanlage противоугóнная сигнализáция [prʌt'iwʌugónnʌjʌ ß'ignʌl'isázyjʌ]
Anlasser стáртер [ßtártär]
Auspuff вы́хлоп [wýchlʌp]
Automatikgetriebe автомати́ческая передáча [aftʌmat'ítschißkʌjʌ p'ir'idátschʌ]
Benzinpumpe бензонасóс [b'insʌnaßóß]
Bremse тóрмоз [tórmʌß]
Bremsflüssigkeit тормознáя жи́дкость [tʌrmasnájʌ shýtkʌß't']
Bremslichter стоп-сигнáл [ßtop-ß'ignál]
Defekt неисправность *(f)* [n'iißpráwnʌß't']
Delle вмя́тина [wm'át'inʌ]
Fernlicht дáльний свет [dál'n'ij ßw'et]

Frostschutzmittel	антифри́з [antʲifrʲíß]
Gang	ско́рость *(f)* [ßkórʌßʲtʲ]
– erster Gang	пе́рвая ско́рость [pʲérwʌjʌ ßkórʌßʲtʲ]
– Leerlauf	холосто́й ход [chʌlaßtój chot]
– Rückwärtsgang	за́дний ход [sádnʲij chot]
Gaspedal	педа́ль *(f)* акселера́тора [pʲidálʲ akßʲilʲirátʌrʌ]
Getriebe	переда́ча [pʲirʲidátschʌ]
Handbremse	ручно́й то́рмоз [rutschnój tórmʌß]
Hupe	клаксо́н [klakßón]
Kofferraum	бага́жник [bagáshnʲik]
Kratzer	цара́пина [zarápʲinʌ]
Kühler	радиа́тор [rʌdʲiátʌr]
Kühlwasser	охлажда́ющая вода́ [achlashdájuschtschʌjʌ wadá]
Kupplung	сцепле́ние [ßzyplʲénʲije]
Kurzschluss	коро́ткое замыка́ние [karótkʌje sʌmykánʲije]
Lichtmaschine	генера́тор [gʲinʲirátʌr]
Luftfilter	возду́шный фи́льтр [wasdúschnyj fʲílʲtr]
Motor	дви́гатель *(m)* [dwʲígʌtʲilʲ]
Motorhaube	капо́т дви́гателя [kapót dwʲígʌtʲilʲʌ]
Öl	ма́сло [máßlʌ]
Ölwechsel	сме́на ма́сла [ßmʲénʌ máßlʌ]
Rad	колесо́ [kʌlʲißó]
Reifen	ши́на [schýnʌ]
Rücklicht	за́дний фона́рь [sádnʲij fanárʲ]
Rückspiegel	зе́ркало за́днего ви́да [sʲérkʌlʌ sádnʲiwʌ wʲídʌ]
Schaden	поврежде́ние [pʌwrʲishdʲénʲije]
Scheibenwischer	дво́рник [dwórnʲik]
Scheinwerfer	фа́ра [fárʌ]
Standlicht	габари́тные огни́ *(mpl)* [gʌbarʲítnyje agnʲí]
Stoßstange	ба́мпер [bámpʲir]
Tachometer	спидо́метр [ßpʲidómʲitr]

Tank бак [bak]

Verkehrsunfall ава́рия [awárʲijʌ]; доро́жно-тра́нспортное происше́ствие [daróshna-tránßpʌrtnʌje prʌischä́ßtwʲije]; ДТП [de-tǻ-pǻ]

Warnblinkanlage авари́йная светова́я сигнализа́ция [awarʲíjnʌjʌ ßwʲitawájʌ ßʲignʌlʲisázyjʌ]

Werkstatt се́рвис [ßʲérwʲiß]

Windschutzscheibe ветрово́е стекло́ [wʲitrawóje ßʲtʲikló]

Winterreifen зи́мние ши́ны *(fpl)* [sʲímnʲije schýny]

Zündkerze свеча́ зажига́ния [ßwʲitschá sʌshygánʲijʌ]

Zündung зажига́ние [sʌshygánʲije]

VERKEHRSUNFALL

Ein Unfall ist passiert!
Произошла́ ава́рия! [prʌisaschlá awárʲijʌ]

Rufen Sie bitte schnell
Пожа́луйста, вы́зовите сро́чно …
[pashálßtʌ wýsʌwʲitʲe ßrótschnʌ]

– einen Krankenwagen!
ско́рую по́мощь. [ßkóruju pómʌschtsch]

– die Polizei!
поли́цию. [paʲízyju]

– die Feuerwehr!
пожа́рную кома́нду. [pashárnuju kamándu]

Haben Sie Verbandszeug?
У Вас есть перевя́зочный материа́л?
[u-wáß jeßʲtʲ pʲirʲiwʲásʌtschnyj mʌtʲirʲiál]

Sie
Вы … [wy …]

- haben die Vorfahrt nicht beachtet.
нарýшили прáво преимýщественного проéзда.
[narúschylʲi práwʌ prʲiimúschtschißtwʲinʌwʌ prajésdʌ]
- haben nicht geblinkt.
не включи́ли указáтель поворóта.
[nʲi-fklʲutschʲílʲi ukasátʲilʲ pʌwarótʌ]

Sie ...
Вы ... [wy ...]

- sind zu schnell gefahren.
сли́шком бы́стро éхали. [ßlʲíschkʌm býßtrʌ jéchʌlʲi]
- sind bei Rot über die Kreuzung gefahren.
проéхали на крáсный свет.
[prajéchʌlʲi na-kráßnyj ßwʲet]

Können Sie darüber als Zeuge aussagen?
Вы мóжете э́то засвидéтельствовать?
[wy móshytʲe ắtʌ sʌßwʲidʲétʲilʲßtwʌwʌtʲ]

Geben Sie mir bitte Ihren Namen und Ihre Anschrift.
Скажи́те мне Вáшу фами́лию и Ваш áдрес.
[ßkashýtʲe mnʲe wáschu famʲílʲiju i wasch ádrʲiß]

AUTO-, MOTORRAD- UND FAHRRADVERMIETUNG

Ich möchte für zwei Tage/eine Woche ... mieten.
Хочý взять напрокáт ... *(+ akk)* на два дня./на недéлю.
[chatschú wsʲatʲ nʌprakát ... na-dwá dnʲa/nʌ-nʲidʲélʲu]

- einen (Gelände-)Wagen
автомоби́ль (внедорóжник) *(m)*
[aftʌmabʲílʲ (wnʲidaróshnʲik)]
- ein Motorrad
мотоци́кл [mʌtazýkl]
- einen Motorroller
моторóллер [mʌtarólʲir]
- ein Fahrrad
велосипéд [wʲilʌßʲipʲét]

Bitte mit ...
Пожáлуйста, с ... [pashálßtʌ ß…]

– Automatik.
автоматúческой корóбкой передáч.
[aftʌmatʲítschißkʌj karópkʌj pʲirʲidátsch]

– Klimaanlage.
кондиционéром. [kʌndʲizyanʲérʌm]

– Navigationsgerät.
навигациóнной систéмой.
[nʌwʲigʌzyónnʌj ßʲißʲtʲémʌj]

Haben Sie Autos mit Handgas für Körperbehinderte?
Есть ли у Вас инвалидные автомобúли с ручны́м управлéнием?
[jeßʲtʲ lʲi u-wáß inwalʲídnyje aftʌmabʲílʲi ß-rutschným uprawlʲénʲijem]

Kann man hier irgendwo Behindertenfahrräder leihen?
Мóжно здесь взять напрокáт инвалúдные велосипéды?
[móshnʌ sʲdʲeßʲ wsʲatʲ nʌprakát inwalʲídnyje wʲilʌßʲipʲédy]

Wie viel kostet es pro Tag?/pro Woche?
Скóлько э́то стóит в день?/в недéлю?
[ßkólʲkʌ ắtʌ ßtóit w-dʲenʲ/w-nʲidʲélʲu]

Wie viel kostet ein Kilometer?
Скóлько стóит одúн киломéтр?
[ßkólʲkʌ ßtóit adʲín kʲilamʲétr]

Ist das Fahrzeug vollkaskoversichert?
У машúны пóлное страховáние кáско?
[u-maschýny pólnʌje ßtrʌchawánʲije káßkʌ]

Ich möchte auch einen Schutzhelm leihen.
Я хотéл/Я хотéла *(m)/(f)* бы взять напрокáт и защúтный шлем.
[ja chatʲél/ja chatʲélʌ by wsʲatʲ nʌprakʲát i saschtschítnyj schlʲem]

Verleihen Sie Kinderautositze?
Вы даёте напрокáт дéтские автокрéсла?
[wy dajótʲe nʌprakát dʲézkʲije aftakrʲéßlʌ]

Führerschein – водúтельские правá [wadʲítʲilʲßkʲije prawá]

grüne Versicherungskarte – зелёная страховáя кáрта [sʲilʲónʌjʌ ßtrʌchawájʌ kártʌ]

Handbike – велосипéд с ручны́м прúводом [wʲilʌßʲipʲét ß-rutschným prʲíwʌdʌm]

Handgas – ручнóе нажáтие гáза [rutschnóje nashátʲije gásʌ]

hinterlegen – оставля́ть/остáвить в залóг [aßtawlʲátʲ/aßtáwʲitʲ w-salók]

Kaution – залóг [salók]

Kindersitz – автокрéсло [aftakrʲéßlʌ]

Papiere – докумéнты *(mpl)* [dʌkumʲénty]

Schiebedach – люк [lʲuk]

Sturzhelm – защúтный шлем [saschtschítnyj schlʲem]

Teilkasko – частúчное (страховáние) кáско [tschißʲtʲítschnʌje (ßtrʌchawánʲije) káßkʌ]

Vollkasko – пóлное (страховáние) кáско [pólnʌje (ßtrʌchawánʲije) káßkʌ]

Wochenendpauschale – тарúф выходнóго дня [tarʲíf wychadnówʌ dnʲa]

Zündschlüssel – ключ зажигáния [klʲutsch sʌshygánʲijʌ]

In der Luft

EINEN FLUG BUCHEN

Ich möchte einen einfachen Flug nach ...
Мне ну́жен биле́т в ... *(+ akk)* в одну́ сто́рону.
[mnʲe núshyn bʲilʲét f-... w-adnú ßtórʌnu]

Ich möchte einen Hin- und Rückflug nach ... buchen.
Хочу́ заказа́ть биле́т на самолёт в ... *(+ akk)* туда́ и обра́тно.
[chatschú sʌkasátʲ bʲilʲét nʌ-ßʌmalʲót f-... tudá i abrátnʌ]

Ich möchte bitte ...
Мне, пожа́луйста, ... [mnʲe pashálßtʌ]

- *einen Fensterplatz.*
  ме́сто у окна́. [mʲéßtʌ u-akná]
- *einen Platz am Gang.*
  ме́сто у прохо́да. [mʲéßtʌ u-prachódʌ]

Ich möchte diesen Flug stornieren./umbuchen.
Я хочу́ аннули́ровать/поменя́ть э́тот биле́т.
[ja chatschú anulʲírʌwʌtʲ/pʌmʲinʲátʲ ä́tʌt bʲilʲét]

AM FLUGHAFEN

Wo ist bitte der Check-in der Fluggesellschaft ...?
Где прохо́дит регистра́ция биле́тов авиакомпа́нии ...?
[gdʲe prachódʲit rʲigʲißtrázyjʌ bʲilʲétʌf awʲiʌkampánʲii]

- *... Halle/Terminal ...?*
  ... зал/термина́л...? [sal/tʲirmʲinál]
- *... der Check-in-Automat?*
  ... сто́йка электро́нной регистра́ции?
  [ßtójkʌ ä́lʲiktrónnʌj rʲigʲistrázyi]

Ich habe einen Laptop im Handgepäck.
У меня́ ноутбу́к в ручно́й кла́ди.
[u mʲinʲá nʌudbúk w rutschnój kládʲi]

Kann ich das/diese Flüssigkeit als Handgepäck mitnehmen?
Мóжно взять э́то/э́ту жи́дкость как ручну́ю кладь?
[móshnʌ wsʲatʲ ắtʌ/ắtu shýtkʌsʲtʲ kak rutschnúju klátʲ]

Kann ich meinen eigenen (faltbaren) Rollstuhl/einen Buggy im Flugzeug mitnehmen?
Могу́ ли я взять в самолёт свою́ (складну́ю) инвали́дную коля́ску/дéтскую коля́ску?
[magú lʲi ja wsʲatʲ f-ßʌmalʲót ßwajú (ßkladnúju) inwalʲídnuju kalʲáßku/dʲétßkuju kalʲáßku]

Wird ein Rollstuhl am Abflug-/Zielflughafen bereitgestellt?
Бу́дет ли предостáвлена инвали́дная коля́ска в аэропорту́ отправлéния/назначéния?
[búdʲit lʲi prʲidaßtáwlʲinʌ inwalʲídnʌjʌ kalʲáßkʌ w-äärʌpartú atprawlʲénʲijʌ/nʌsnatschénʲijʌ]

ANKUNFT

Mein Gepäck ist verloren gegangen.
Мой багáж потеря́лся. [moj bagásch pʌtʲirʲálßʲʌ]

Mein Koffer ist beschädigt worden.
Мне повреди́ли чемодáн. [mnʲe pʌwrʲidʲílʲi tschimadán]

Abflug	вы́лет [wýlʲit]
Ankunft	прибы́тие [prʲibýtʲije]
Ankunftszeit	врéмя прибы́тия [wrʲémʲʌ prʲibýtʲijʌ]
Anschluss	пересáдка [pʲirʲißátkʌ]
Auslandsflug	междунарóдный полёт [mʲishdunaródnyj palʲót]
Bordkarte	посáдочный талóн [paßádʌtschnyj talón]
einchecken	регистри́роваться/ зарегистри́роваться [rʲigʲißtrʲírʌwʌzʌ/ sʌrʲigʲißtrʲírʌwʌzʌ]
elektronisches Ticket	электрóнный билéт [älʲiktrónnyj bʲilʲét]

Flug	полёт [palʲót]
Flugbegleiter/in	бортпроводни́к / бортпроводни́ца [bórtprʌwadnʲík/ bórtprʌwadnʲízʌ]
Flughafen	аэропо́рт [aärapórt]
Flugsteig	вы́ход на поса́дку [wýchʌt nʌ-paßátku]
Gepäck	бага́ж [bagásch]
Gepäckabfertigung	оформле́ние и сда́ча багажа́ [afarmlʲénʲije i sdátschʌ bagʌshá]
Gepäckausgabe	вы́дача багажа́ [wýdʌtschʌ bʌgashá]
Gepäckwagen	теле́жка [tʲilʲéschkʌ]
Inlandsflug	вну́тренний полёт [wnútrʲinʲij palʲót]
Internetbuchung	брони́рование в интерне́те [branʲírʌwʌnije w intyrnétʲi]
Landung	приземле́ние [prʲisʲimlʲénʲije]
Notausgang	запа́сный вы́ход [sapáßnyj wýchʌt]
Passagier/in	пассажи́р/ка *(m)/(f)* [pʌßashýr/kʌ]
Pilot	пило́т [pʲilót]
Schwimmweste	спаса́тельный жиле́т [ßpaßátʲilʲnyj shylʲét]
Spucktüte	гигиени́ческий паке́т [gʲigʲijinʲítschißkʲij pakʲét]
stornieren	аннули́ровать *(ipf u. pf)* [anulʲírʌwʌtʲ]
Terminal	термина́л [tʲirmʲinál]
Übergewicht	переве́с [pʲirʲiwʲéß]
umbuchen	меня́ть/поменя́ть [mʲinʲátʲ/pʌmʲinʲátʲ]
Verspätung	опозда́ние [apasdánʲije]

zollfreier Laden магази́н беспо́шлинной торго́вли [mʌgasʲín bʲißpóschlʲinʌj targówlʲi]; Duty-free [dʲutʲi-frʲí]

Zwischenlandung промежу́точная поса́дка [prʌmʲishútʌtschnʌjʌ paßátkʌ]

UNTERWEGS

AUF SCHIENEN

Auf Schienen

IM BAHNHOF

Wo kann ich eine Fahrkarte kaufen?
Где мо́жно купи́ть проездно́й биле́т?
[gdʲe móshnʌ kupʲítʲ prʌjisnój bʲilʲét]

Ist der Einstieg in die Wagen ebenerdig?
Нахо́дится ли вход в тра́нспорт на у́ровне земли́?
[nachódʲizʌ lʲi fchot f-tránßpʌrt na-úrʌwnʲe sʲimlʲí]

Entschuldigen Sie bitte, von welchem Gleis fährt der Zug nach ... ab?
Извини́те, с како́го пути́ отправля́ется по́езд в ... *(+ akk)*?
[iswʲinʲítʲe, ß-kakówʌ putʲí atprawlʲájizʌ pójißt f-...]

FAHRKARTEN KAUFEN

Zwei Karten nach ..., bitte.
Два биле́та до ... *(+ gen)*, пожа́луйста.
[dwa bʲilʲétʌ dʌ-... pashálßtʌ]

Bitte eine Fahrkarte nach ...
Пожа́луйста, оди́н билет до ... *(+ gen)*
[pashálßtʌ, adʲín bʲilʲét dʌ-...]

- *nur Hinfahrt*
  в одну́ сто́рону [w-adnú ßtórʌnu]
- *hin und zurück*
  туда́ и обра́тно [tudá i abrátnʌ]

Gibt es eine Ermäßigung für Kinder/für Studenten?
Есть ли льго́ты для дете́й/для студе́нтов?
[jeßʲtʲ lʲi lʲgóty dlʲi-dʲitʲéj/dlʲi-ßtudʲéntʌf]

Wie oft muss ich da umsteigen?
Ско́лько переса́док? [ßkólʲkʌ pʲirʲißádʌk]

IM ZUG

Verzeihung, ist dieser Platz noch frei?
Извини́те, э́то ме́сто свобо́дно?
[iswʲinʲítʲe, ắtʌ mʲéßtʌ ßwabódnʌ]

Könnte mir jemand beim Umsteigen behilflich sein?
Мог бы кто́-нибудь помо́чь мне при переса́дке?
[mok by któ-nʲibutʲ pamótsch mnʲe prʲi-pʲirʲißátkʲe]

Abfahrt	отправле́ние [atprawlʲénʲije]
Abteil	купе́ [kupắ]
Ankunft	прибы́тие [prʲibýtʲije]
Aufenthalt	остано́вка [aßtanófkʌ]
Ausdruck	распеча́тка [rʌßpʲitschátkʌ]
aussteigen	выходи́ть/вы́йти [wychadʲítʲ/wýjtʲi]
Bahnhof	вокза́л [wagsál]
Begleitperson	сопровожда́ющее лицо́ [ßʌprʌwashdájuschtschije lʲizó]
einsteigen	сади́ться/сесть [ßadʲízʌ/ßʲeßʲtʲ]
Ermäßigung	льго́ты *(fpl)* [lʲgóty]
Fahrkarte	(проездно́й) биле́т (prʌjisnój) bʲilʲét]
Fahrkartenschalter	биле́тная ка́сса [bʲilʲétnʌjʌ káßʌ]
Fahrplan	расписа́ние [rʌßpʲißánʲije]
Fahrpreis	сто́имость *(f)* прое́зда [ßtóimʌßʲtʲ prajésdʌ]
Fensterplatz	ме́сто у окна́ [mʲéßtʌ u-akná]
Gang	прохо́д [prachót]
Gepäck	бага́ж [bagásch]

Gepäckaufbewahrung	ка́мера хране́ния [kámʲirʌ chranʲénʲijʌ]
Gleis	путь *(m)* [putʲ]
Hauptbahnhof	гла́вный вокза́л [gláwnyj wagsál]
Internetbuchung	брони́рование в интерне́те [branʲírʌwʌnije w intyrnǻtʲi]
Kinderfahrkarte	де́тский биле́т [dʲézkʲij bʲilʲét]
Kontrolleur	контролёр [kʌntralʲór]
Platzreservierung	плацка́рта [plazkártʌ]
Rückfahrkarte	биле́т в о́ба конца́ [bʲilʲét w-óbʌ kanzá]
Schließfach	ка́мера хране́ния [kámʲirʌ chranʲénʲijʌ]
Schwerbehinderte/r	инвали́д [inwalʲít]
Speisewagen	ваго́н-рестора́н [wagón-rʲißtarán]
Wagennummer	но́мер ваго́на [nómʲir wagónʌ]
Wartesaal	зал ожида́ния [sal ashydánʲijʌ]
Zug	по́езд [pójißt]

HINWEISE UND INFORMATIONEN

Биле́тная ка́сса	Fahrkartenschalter
Ж	Damentoilette
Железнодоро́жное аге́нтство по брони́рованию и прода́жам биле́тов	Reisezentrum/Reisebüro
Зал ожида́ния	Wartesaal
За́нято/Свобо́дно	besetzt/frei
Ка́мера хране́ния	Schließfächer, Gepäckaufbewahrung
Ко́мната ма́тери и ребёнка	Mutter-und-Kind-Raum
Куре́ние запрещено́	Rauchen verboten
М	Herrentoilette
Метро́/При́городные поезда́	U-Bahn/S-Bahn
Носи́льщики	Gepäckträger

Отправле́ние/ Прибы́тие	Abfahrt/Ankunft
Поли́ция	Bahnpolizei
Распи́сание поездо́в	Fahrplan
Спра́вочная	Auskunft
Стоя́нка такси́	Taxistand
Теле́жки	Gepäckwagen/Trolley

Auf dem Wasser

EINE SCHIFFSFAHRT BUCHEN

Wann geht das nächste Schiff/die nächste Fähre nach ...?
Когда́ отхо́дит сле́дующий кора́бль/паро́м в ... *(+ akk)?*
[kagdá atchódʲit ßlʲédujuschtschij karáblʲ/paróm f-...]

Bitte ...
Пожа́луйста, ... [pashálßtʌ]

- *eine Schiffskarte nach ...*
  оди́н биле́т до ... *(+ gen).* [adʲín bʲilʲét dʌ-...]
- *eine Einzelkabine*
  одноме́стную каю́ту [adnamʲéßnuju kajútu]
- *eine Zweibettkabine*
  двухме́стную каю́ту [dwuchmʲéßnuju kajútu]
- *eine Karte für die Rundfahrt um 15 Uhr.*
  оди́н биле́т на экску́рсию в пятна́дцать часо́в.
  [adʲín bʲilʲét nʌ-ykßkúrßʲiju f-pʲitnázʌtʲ tschißóf]

AN BORD

anlegen in ...	прича́ливать/прича́лить в ... *(+ präp)* [prʲitschálʲiwʌtʲ/prʲitschálʲitʲ f-...]
Anlegestelle	прича́л [prʲitschál]
Buchung	бро́ня [brónʲʌ]
Dampfer	парохо́д [pʌrachót]
Deck	па́луба [pálubʌ]

Fähre	паро́м [paróm]
Fahrkarte	(проездно́й) биле́т [(prʌjisnój) b^{j}il^{j}ét]
Festland	су́ша [ßúschʌ]
Hafen	порт [port]
Kabine	каю́та [kajútʌ]
Kai	на́бережная [náb^{j}ir^{j}ishnʌjʌ]
Kapitän	капита́н [kʌp^{j}itán]
Klimaanlage	кондиционе́р [kʌnd^{j}izyan^{j}ér]
Kreuzfahrt	круи́з [kruíß]
Küste	морско́й бе́рег [marßkój b^{j}ér^{j}ik]
Landausflug	экску́рсия на бе́рег [äkßkúrß^{j}ijʌ na-b^{j}ér^{j}ik]
Luftkissenboot	су́дно на возду́шной поду́шке [ßúdnʌ nʌ-wasdúschnʌj padúschk^{j}e]
Rettungsboot	спаса́тельная ло́дка [ßpaßát^{j}il^{j}nʌjʌ lótkʌ]
Rettungsring	спаса́тельный круг [ßpaßát^{j}il^{j}nyj kruk]
Rundfahrt	экску́рсия [äkßkúrß^{j}ijʌ]
Schwimmweste	спаса́тельный жиле́т [ßpaßát^{j}il^{j}nyj shyl^{j}ét]
Seegang	волне́ние (мо́ря) [waln^{j}én^{j}ije (mór^{j}ʌ)]
Seekrankheit	морска́я боле́знь [marßkájʌ bal^{j}éß^{j}n^j]
Tragflügelboot	су́дно на подво́дных кры́льях [ßúdnʌ nʌ-padwódnych krýl^{j}jich]

Mit Bus und Bahn

Bitte, wo ist die nächste ...
Скажи́те, пожа́луйста, где ближа́йшая ...
[ßkashýtʲe pashálßtʌ gdʲe blʲishájschʌjʌ]

- ***Bushaltestelle?***
  остано́вка авто́буса? [aßtanófkʌ aftóbußʌ]
- ***Straßenbahnhaltestelle?***
  остано́вка трамва́я? [aßtanófkʌ tramwájʌ]
- ***U-Bahnstation?***
  ста́нция метро́? [ßtánzyjʌ mʲitró]

Welche Linie fährt nach ...?/zu(m) ...?
Како́й но́мер идёт в ... *(+ akk)*/до ... *(+ gen)*?
[kakój nómʲir idʲót f-.../dʌ-...]

Ist das der Bus nach ...?
Э́тот авто́бус идёт до ... *(+ gen)*?
[ắtʌt aftóbuß idʲót dʌ-...]

Wo muss ich aussteigen/umsteigen?
Где мне выходи́ть/пересе́сть?
[gdʲe mnʲe wychadʲítʲ/pʲirʲißʲéßʲtʲ]

Könnten Sie mir bitte Bescheid geben, wenn ich aussteigen muss?
Не могли́ бы Вы мне сообщи́ть, когда́ мне ну́жно бу́дет выходи́ть?
[nʲi-maglʲí by wy mnʲe ßʌapschtschítʲ kagdá mnʲe núshnʌ búdʲit wychadʲítʲ]

Gibt es ...
Мо́жно ли купи́ть... [móshnʌ lʲi kupʲítʲ]

- ***Tageskarten?***
  биле́т одного́ дня? [bʲilʲét adnawó dnʲa]
- ***Wochenkarten?***
  сезо́нку на неде́лю? [ßʲisónku na nʲidʲélʲu]
- ***Touristentickets?***
  биле́т для тури́стов? [bʲilʲét dlʲʌ turʲístʌw]

Einen Fahrschein, bitte.
Оди́н биле́т, пожа́луйста. [ad^{j}ín b^{j}il^{j}ét pashálßtʌ]

Abfahrt	отправле́ние [atprawl^{j}én^{j}ije]
Bus	авто́бус [aftóbuß]
Busbahnhof	автовокза́л [aftʌwagsál]
einsteigen	сади́ться/сесть [ßad^{j}ízʌ/ß^{j}eß^{j}t^j]
Endstation	коне́чная ста́нция [kan^{j}étschnʌjʌ ßtánzyjʌ]
Fahrplan	расписа́ние [rʌßp^{j}ißán^{j}ije]
Fahrpreis	сто́имость *(f)* прое́зда [ßtóimʌß^{j}t^j prajésdʌ]
Fahrschein	(проездно́й) биле́т [(prʌjisnój) b^{j}il^{j}ét]
Haltestelle	остано́вка [aßtanófkʌ]
Kontrolleur	контролёр [kʌntral^{j}ór]
Nahverkehrszug	при́городный поезд [pr^{j}ígʌrʌdnyj pójißt]; электри́чка [äl^{j}iktr^{j}ítschkʌ]
Richtung	направле́ние [nʌprawl^{j}én^{j}ije]
S-Bahn	при́городный по́езд [pr^{j}ígʌrʌdnyj pójißt]; электри́чка [el^{j}iktr^{j}ítschkʌ]
Schaffner	конду́ктор [kandúktʌr]
Straßenbahn	трамва́й [tramwáj]
Tageskarte	однодне́вный биле́т [adnadn^{j}éwnyj b^{j}il^{j}ét]
U-Bahn	метро́ [m^{j}itró]
Überlandbus	междугоро́дный авто́бус [m^{j}ishdugaródnyj aftóbuß]

Mit dem Taxi

Hallo! Bitte ein Taxi an die Adresse … für jetzt gleich/ für (morgen,) … Uhr.
Алло́! Мне, пожа́луйста, такси́ по а́дресу … пря́мо сейча́с/на (за́втра,) … часо́в.
[alló mnʲe pashálßtʌ takßʲí pa-ádrʲißu … prʲámʌ ßʲitscháß/ na-(sáftrʌ,) … tschißóf]

Könnten Sie mir bitte sagen, wo in der Nähe ein Taxistand ist?
Не могли́ бы Вы мне сказа́ть, где здесь побли́зости стоя́нка такси́?
[nʲi-maglʲí by wy mnʲe ßkasátʲ gdʲe sʲdʲeßʲ pablʲísʌßʲtʲi ßtajánkʌ takßʲí]

Wohin möchten Sie fahren?
Куда́ Вы е́дете? [kudá wy jédʲitʲe]

Zum Bahnhof, bitte.
До вокза́ла, пожа́луйста. [dʌ-wagsálʌ pashálßtʌ]

Zum …-Hotel, bitte.
До гости́ницы …, пожа́луйста.
[dʌ-gaßʲtʲínʲizy pashálßtʌ]

In die …-Straße, bitte.
До у́лицы …, пожа́луйста. [da-úlʲizy pashálßtʌ]

Nach …, bitte.
До … *(+ gen)*, пожа́луйста. [dʌ-…, pashálßtʌ]

Halten Sie bitte hier.
Останови́тесь здесь, пожа́луйста.
[aßtʌnawʲítʲißʲ sʲdʲeßʲ pashálßtʌ]

Wie viel kostet es nach …?
Ско́лько сто́ит до … *(+ gen)*? [ßkólʲkʌ ßtóit dʌ-…]

Können Sie mir eine Quittung ausstellen?
Вы мне мо́жете вы́писать квита́нцию?
[wy mnʲe móshytʲe wýpʲißʌtʲ kwʲitánzyju]

anhalten останáвливаться/остановúться [aßtanáwlʲiwʌzʌ/aßtʌnawʲízʌ]
anschnallen пристёгиваться/пристегнýться [prʲißʲtʲógʲiwʌzʌ/prʲißʲtʲignúzʌ]
Hausnummer нóмер дóма [nómʲir dómʌ]
Kilometerpreis тарúф за киломéтр [tarʲíf sʌ-kʲilamʲétr]
Pauschalpreis óбщая ценá [ópschtschʌjʌ zyná]
Quittung квитáнция [kwʲitánzyjʌ]
Taxifahrer/in водúтель/ница таксú [wadʲítʲilʲ/nʲizʌ takßʲí]
Taxistand стоя́нка таксú [ßtajánkʌ takßʲí]
Trinkgeld чаевы́е [tschijiwýje]

Sehenswürdigkeiten und Museen

ÖFFNUNGSZEITEN, EINTRITTSKARTEN, FÜHRUNGEN

Wann beginnt die nächste Führung?
Когдá начнётся слéдующая экскýрсия?
[kagdá natschnʲózʌ ßlʲédujschtschʌjʌ äkßkúrßʲijʌ]

Gibt es auch Führungen in Deutsch/Englisch?
Прово́дятся ли экскýрсии на немéцком/англúйском языкé?
[prawódʲizʌ lʲi äkßkúrßʲii nʌ-nʲimʲézkʌm/anglʲíßkʌm jisykʲé]

Darf man hier fotografieren?
Мóжно ли здесь фотографúровать?
[móshnʌ lʲi sdʲéßʲ fʌtʌgrafʲírʌwʌtʲ]

Zwei Eintrittskarten, bitte!
Два билéта, пожáлуйста! [dwa bʲilʲétʌ pashálßtʌ]

Zwei Erwachsene und ein Kind.
Два взрóслых и оди́н дéтский.
[dwa wsróßlych i adʲín dʲézkʲij]

Ist bei der Ausstellung ein Lift für Gehbehinderte vorhanden?
На вы́ставке предусмóтрен лифт для инвали́дов?
[na-wýßtʌfkʲe prʲidußmótrʲin lʲift dlʲi-inwalʲídʌf]

Gibt es spezielle (Stadt-)führungen für Gehörlose?
Провóдятся ли специáльные экскýрсии (по гóроду) для глухи́х?
[prawódʲizʌ lʲi ßpʲizyálʲnyje äkßkúrßʲii (pa-górʌdu) dlʲi-gluchʲích]

Gibt es Museumsführungen/Theateraufführungen für Taubstumme?/Blinde?
Провóдятся ли музéйные экскýрсии/театрáльные представлéния для глухонемы́х/слепы́х? [prawódʲitßʲʌ lʲi musʲéjnyje äkßkúrßʲii/tʲiatrálʲnyje prʲiztawlʲénʲijʌ dlʲi-gluchʌnʲimých/ßlʲipých]

Theater, Kino, Konzert

Wann beginnt die Vorstellung?
Когдá начинáется представлéние?
[kagdá nʌtschinájizʌ prʲiztawlʲénʲije]

Wo bekommt man Karten?
Где мóжно взять билéты? [gdʲe móshnʌ wsʲatʲ bʲilʲéty]

Bitte zwei Karten für heute Abend.
Два билéта на сегóдняшний вéчер, пожáлуйста.
[dwa bʲilʲétʌ nʌ-ßʲiwódnʲischnʲij wʲétschir pashálßtʌ]

Eintrittskarte	(входнóй) билéт [(fchadnój) bʲilʲét]
Festival	фестивáль *(m)* [fʲißʲtʲiwálʲ]
Garderobe	гардерóб [gʌrdʲiróp]
Kasse	кáсса [káßʌ]

Pause	антра́кт [antrákt]; переры́в [pʲirʲirýf]
Programmheft	програ́ммка [pragrámkʌ]
Vorstellung	представле́ние [prʲiztawlʲénʲije]
Vorverkauf	предвари́тельная прода́жа [prʲidwarʲítʲilʲnʌjʌ pradáshʌ]

THEATER

Akt	акт [akt]
Aufführung	представле́ние [prʲiztawlʲénʲije]
Ballett	бале́т [balʲét]
Drama	пье́са [pʲjéßʌ]
Freilufttheater	ле́тний теа́тр [lʲétnʲij tʲiátr]
Inszenierung	инсцениро́вка [inßzynʲirófkʌ]
Kabarett	теа́тр миниатю́р [tʲiátr mʲinʲiatʲúr]
Kleinkunstbühne	теа́тр ма́лых форм [tʲiátr málych form]
Komödie	коме́дия [kamʲédʲijʌ]
Loge	ло́жа [lóshʌ]
Musical	мю́зикл [mʲúsʲikl]
Oper	о́пера [ópʲirʌ]
Operette	опере́тта [apʲirʲéttʌ]
Parkett	парте́р [partǻr]
Pause	антра́кт [antrákt]
Premiere	премье́ра [prʲimʲjérʌ]
1. Rang	я́рус [járuß]
Schauspiel	спекта́кль *(m)* [ßpʲiktáklʲ]
Schauspieler/in	актёр/актри́са [aktʲór/aktrʲíßʌ]
Spielplan	репертуа́р [rʲipʲirtuár]
Tänzer/in	танцо́вщик/танцо́вщица [tanzófschtschik/ tanzófschtschizʌ]
Theaterstück	пье́са [pʲjéßʌ]
Tragödie	траге́дия [tragʲédʲijʌ]
Variete´	варьете́ [wʌrʲjité]
Volksstück	наро́дная пье́са [naródnʌjʌ pʲjéßʌ]

KONZERT

Blues	блюз [bl^{j}uß]
Chor	хор [chor]
Dirigent/in	дирижёр [d^{j}ir^{j}ishór]
Folk	фолькло́р [fal^{j}klór]
Jazz	джаз [dshaß]
Klassik	класси́ческая му́зыка [klaß^{j}ítschißkʌjʌ músykʌ]
Komponist/in	компози́тор [kʌmpas^{j}ítʌr]
Konzert	конце́рт [kanzä́rt]
Orchester	орке́стр [ark^{j}éßtr]
Pop	поп [pop]
Rap	рэп [rä́p]
Reggae	ре́гги [r^{j}ä́gg^{j}i]
Rock	рок [rok]
Sänger/in	пев́ец/певи́ца [p^{j}iw^{j}éz/p^{j}iw^{j}ízʌ]
Solist/in	соли́ст/ка [ßal^{j}íßt/kʌ]
Soul	со́ул [ßóul]
Techno	те́хно [t^{j}échnʌ]
Volksmusik	наро́дная му́зыка [naródnʌjʌ músykʌ]

KINO

Film	фильм [f^{j}il^{j}m]
– Actionfilm	боеви́к [bʌjiw^{j}ík]
– Dokumentarfilm	документа́льный фильм [dʌkum^{j}intál^{j}nyj f^{j}il^{j}m]
– Drama	мелодра́ма [m^{j}iladrámʌ]
– Klassiker	кла́ссика [kláß^{j}ikʌ]
– Komödie	коме́дия [kam^{j}éd^{j}ijʌ]
– Kurzfilm	короткометра́жка [kʌrʌtkʌm^{j}itráschkʌ]
– Schwarzweißfilm	чёрно-бе́лый фильм [tschorna-b^{j}élyj f^{j}il^{j}m]
– Sciencefiction	нау́чная фанта́стика [naútschnʌjʌ fantáß^{j}t^{j}ikʌ]
– Thriller	три́ллер [tr^{j}íl^{j}ir]
– Western	ве́стерн [w^{j}éß^{j}tyrn]

– Zeichentrickfilm	мультфи́льм [mulʲtfʲílʲm]
Filmschauspieler/in	киноактёр/киноактри́са [kʲinʌaktʲór/kʲinʌaktrʲíßʌ]
Hauptrolle	гла́вная роль [gláwnʌjʌ rolʲ]
Kino	кино́ [kʲinó]; кинотеа́тр [kʲinʌtʲiátr]
Originalfassung	ве́рсия без дубляжа́ [wérßʲija bʲis-dublʲishá]
Regie	режиссу́ра [rʲishyßúrʌ]
Untertitel	субти́тры *(mpl)* [ßuptʲítry]

Ausflug

Ausflug	экску́рсия [äkßkúrßʲijʌ]
Aussichtspunkt	смотрова́я площа́дка [ßmʌtrawájʌ plaschtschátkʌ]
Berg	гора́ [gará]
Botanischer Garten	ботани́ческий сад [bʌtanʲítschißkʲij ßat]
Fels	скала́ [ßkalá]
Fischerort	рыба́цкий посёлок [rybázkʲij paßʲólʌk]
Fluss	река́ [rʲiká]
Freilichtmuseum	музе́й под откры́тым не́бом [musʲéj pʌd-atkrýtym nʲébʌm]
Freizeitpark	парк культу́ры и о́тдыха [park kulʲtúry i óddychʌ]
Gebirge	го́ры *(fpl)* [góry]
Gipfel	верши́на [wʲirschýnʌ]
Grotte	грот [grot]
Heide	пу́стошь *(f)* [púßtʌsch]
Heimatmuseum	краеве́дческий музе́й [krʌjiwʲétschißkʲij musʲéj]
Höhle	пеще́ра [pʲischtschérʌ]
Inselrundfahrt	экску́рсия по о́строву [äkßkúrßʲijʌ pa-óßtrʌwu]

Landschaft	пейза́ж [p^jijsásch]
Lava	ла́ва [láwʌ]
Leuchtturm	мая́к [maják]
Markt	ры́нок [rýnʌk]
Naturschutzgebiet; Nationalpark	запове́дник [sʌpaw^jédn^jik]
Quelle	исто́чник [ißtótschn^jik]
Rundfahrt	экску́рсия [äkßkúrß^jijʌ]
Schlucht	уще́лье [uschtschél^je]
See	о́зеро [ós^jirʌ]
Sternwarte	обсервато́рия [apß^jirwatór^jijʌ]
Sumpf	боло́то [balótʌ]
Tagesausflug	однодне́вная экску́рсия [adnadn^jéwnʌjʌ äkßkúrß^jijʌ]
Tal	доли́на [dal^jínʌ]
Tropfsteinhöhle	сталакти́товая пещера́ [ßtʌlakt^jítʌwʌjʌ p^jischtschérʌ]
Umgebung	окре́стность *(f)* [akr^jéßnʌß^jt^j]
Vulkan	вулка́н [wulkán]
Wald	лес [l^jeß]
Wallfahrtsort	ме́сто пало́мничества [m^jéßtʌ palómn^jitschißtwʌ]
Wasserfall	водопа́д [wʌdapát]
Wildpark	па́рк ди́кой приро́ды [park d^jíkʌj pr^jiródy]
Zoo	зоопа́рк [sʌapárk]

UNTERWEGS AUSFLUG

Ausflugsziele

Bolschoi-Theater
Большóй теáтр
[balʲschój tʲiátr]

Moskauer Staatszirkus
Москóвский Госудáрственный цирк
[maßkófßkʲij gʌßudárßtwinyj zyrk]

Winterpalast
Зи́мний дворéц
[sʲímnʲij dwʌrʲéz]

Auferstehungskirche
Собóр Воскресéния Христóва
[ßabór wʌßkrʲißʲénʲjʌ chrʲißtówʌ]

Kazan-Kathedrale
Казáнский собóр
[kasánßkij ßabór]

Basilius-Kathedrale
Собóр Васи́лия Блажéнного
[ßabór wʌßʲílʲijʌ blʌshénnʌwʌ]

Moskauer Kreml
Москóвский Кремль
[maßkófßkʲij krʲemlʲ]

der Rote Platz
Крáсная плóщадь
[kráßnʌjʌ plóschtschʌtʲ]

Moskauer Metro
Москóвское метрó
[maßkófßkʌje mʲitró]

Piroggen: Teigtaschen – hier mit Erdbeeren gefüllt

ESSEN UND TRINKEN

Essen gehen

Wo gibt es hier ...
Где здесь ... [gdʲe sʲdʲeßʲ]

– ein gutes Restaurant?
хоро́ший рестора́н? [charóschyj rʲißtarán]
– ein nicht zu teures Restaurant?
недорого́й рестора́н? [nʲidʌragój rʲißtarán]

Im Restaurant

Ist dieser Tisch noch frei?
Э́тот стол свобо́ден? [étʌt ßtol ßwabódʲin]

Einen Tisch für zwei/für drei Personen, bitte.
Стол на двои́х/на трои́х, пожа́луйста.
[ßtol nʌ-dwaích/nʌ-traích pashálßtʌ]

Wo sind bitte die Toiletten?
Где туале́т? [gdʲe tualʲét]

ZUBEREITUNG

durchgebraten	прожа́ренный [prashárʲinyj]
frittiert	во фритю́ре [wʌ-frʲitʲúrʲi]
gar	гото́вый [gatówyj]
gebacken	печёный [pʲetschónyj]
gebraten	жа́реный [sháriny j]
am Spieß	на ве́ртеле [na-wʲértʲilʲe]
vom Grill	на гри́ле [na-grʲílʲe]
in der Pfanne	на сковороде́ [na-ßkʌwʌradʲé]
gedämpft	на пару́ [nʌ-parú]
gedünstet	тушёный [tuschónyj]
gefüllt	начинённый [nʌtschinʲónnyj]
gegart	припу́щенный [prʲipúschʲinyj]
gegrillt	на гри́ле [nʌ-grʲílʲi]
gekocht	варёный [warʲónyj]; отварно́й [atwarnój]

geräuchert	копчёный [kaptschónyj]
geröstet	обжáренный [shár^{j}inyj]
geschmort	тушёный [tuschónyj]
mager	пóстный [póßnyj]
roh	сырóй [ßyrój]
saftig	сóчный [ßótschnyj]
salzig	солёный [ßal^{j}ónyj]
sauer	кѝслый [k^{j}íßlyj]
scharf	óстрый [óßtryj]
süß	слáдкий [ßlátk^{j}ij]
überbacken	запечённый [sap^{j}itschónyj]
im Wasserbad	на водянóй бáне [nʌ-wʌd^{j}inój bán^{j}i]
zäh	жёсткий [shóßtk^{j}ij]
zart	нéжный [n^{j}eśhnyj]

Bestellen

Ich möchte ...
Я бы хотéл/хотéла... [ja by chat^{j}él/chat^{j}élʌ]

– die Speisekarte, bitte!
меню́, пожáлуйста! [m^{j}in^{j}ú pashálßtʌ]
– die Getränkekarte, bitte!
кáрту напѝтков, пожáлуйста!
[kártu nap^{j}ítkʌf pashálßtʌ]

Ich hätte gerne etwas Typisches aus der Region.
Мне бы чтó-нибудь типѝчно мéстное.
[mn^{j}e by schtó-n^{j}ibut^j t^{j}ip^{j}ítschnʌ m^{j}éßnʌje]

Haben Sie Kinderportionen?
Вы предлагáете дéтские пóрции?
[wy pr^{j}idlagájit^{j}e d^{j}ézk^{j}ije pórzyi]

Ich nehme ...
Я возьмý ... [ja was^{j}mú]

Ich esse kein ...
Я не ем... [ja n^{j}i jem]

Kaviar und Wodka – ein beliebtes Duo

ESSEN UND TRINKEN

BESTELLEN

Ich bin ...
Я ... [ja]

- *Diabetiker/Diabetikerin.*
  бо́лен/больна́ диабе́том. [bólʲin/balʲná dʲiabʲétʌm]
- *Vegetarier/Vegetarierin.*
  вегетариа́нец/вегетариа́нка. [wʲigʲitʌrʲiánʲiz/wʲigʲitʌrʲiánkʌ]
- *Veganer/Veganerin.*
  вега́н/вега́нка. [wʲigán/wʲigánkʌ]
- *Flexitarianer/Flexitarierin.*
  флекситариа́нец/флекситариа́нка [flʲekßʲitʌrʲánʲiz/ flʲekßʲitʌrʲánʲkʌ]

Ich bin allergisch gegen ...
У меня аллерги́я на ... [u mʲinʲá alʲirgʲíjʌ na]

- *Eier.*
  я́йца. [jájzʌ]
- *Gluten.*
  глюте́н. [glʲutǻn]
- *Milchprodukte.*
  моло́чные проду́кты. [mʌlótschnyji pradúkty]
- *Natriumglutamat.*
  глутама́т на́трия. [glutamát nátrʲijʌ]
- *Nüsse.*
  оре́хи. [arʲéchʲi]

PROST

Entgegen der verbreiteten Überzeugung heißt *Prost* auf Russisch nicht etwa **Na zdrowie!** *(*wohl aber auf Polnisch*)*, und auch das korrekte **На здоро́вье!** [nʌ-sdaròwʲje!] ist kein Trinkspruch, sondern die Antwort des Gastgebers, wenn Sie sich für etwas zu essen oder zu trinken bedanken. **Ва́ше здоро́вье** [wáschy sdaròwʲje!] dagegen ist ein vornehmes, etwas veraltetes *Prost!*

Wie möchten Sie Ihr Steak haben?
Как Вам пригото́вить мя́со?
[kak wam prʲigatówʲitʲ mʲáßʌ]

– gut durch
хорошо́ прожа́ренное [chʌraschó prashárʲinʌje]
– halb durch
полупрожа́ренное [poluprashárʲinʌje]
– englisch
слегка́ поджа́ренное [ßlʲichká padshárʲinʌje]

Was möchten Sie trinken?
Что Вы бу́дете пить? [schto wy búdʲitʲe pʲitʲ]

Bitte ein Glas ...
Стака́н ... *(+ gen)*, пожа́луйста. [ßtakán pashálßtʌ]

Bitte eine Flasche/eine halbe Flasche ...
Буты́лку/Полбуты́лки ... *(+ gen)*, пожа́луйста.
[butýlku/polbutýlkʲi pashálßtʌ]

Mit Eis, bitte.
Со льдо́м, пожа́луйста. [ßa-lʲdóm, pashálßtʌ]

Guten Appetit!
Прия́тного аппети́та! [prʲijátnʌwʌ apʲitʲítʌ]

Haben Sie noch einen Wunsch?
Хоти́те ещё чего́-нибудь?
[chatʲítʲe jischtschó tschiwó-nʲibutʲ]

Bitte bringen Sie uns ...
Принеси́те нам ..., пожа́луйста.
[prʲinʲißʲítʲe nam pashálßtʌ]

Haben Sie einen Kinderstuhl?
У Вас есть де́тский сту́льчик?
[u-wáß jeßʲtʲ dʲézkʲij ßtúlʲtschik]

Sich beschweren

Hier fehlt ein/e ...
Здесь не хвата́ет ... *(+ gen)* [sʲdʲeßʲ nʲi-chwatájit]

Haben Sie mein/e ... vergessen?
Вы забы́ли мой *(m)*/мою́ *(f)*/моё *(n)*/мои́ *(pl)* ...?
[wy sabýlʲi moj/majú/majó/maí]

Das habe ich nicht bestellt.
Я э́того не зака́зывал/не зака́зывала. *(m)*/*(f)*
[ja ắtʌwʌ nʲi-sakásywʌl/nʲi-sakásywʌlʌ]

Die Suppe ist kalt/versalzen.
Суп холо́дный/пересо́ленный.
[ßup chalódnyj/pʲirʲißólʲinyj]

Das Fleisch ist zah./zu fett.
Мя́со жёсткое/сли́шком жи́рное.
[mʲáßʌ shóßtkʌje/ßlʲíschkʌm shýrnʌje]

Der Fisch ist nicht frisch.
Ры́ба несве́жая. [rýbʌ nʲißwʲéshʌjʌ]

Nehmen Sie es bitte zuruck.
Возьми́те э́то обра́тно, пожа́луйста.
[wasʲmʲítʲe ắtʌ abrátnʌ pashálßtʌ]

Holen Sie bitte den Chef.
Позови́те ме́неджера, пожа́луйста.
[pʌsawʲítʲe mắnädshyrʌ pashálßtʌ]

Bezahlen

Die Rechnung bitte!
Счёт, пожа́луйста! [schtschót pashálßtʌ]

Bitte alles zusammen.
О́бщий счёт, пожа́луйста.
[ópschtschij schtschót pashálßtʌ]

Machen Sie uns bitte getrennte Rechnungen.
Посчита́йте нам, пожа́луйста, отде́льно.
[pʌschtschitájt^{j}e nam pashálßtʌ add^{j}él^{j}nʌ]

Das habe ich nicht gehabt.
Я э́того не получи́л/не получи́ла. *(m)/(f)*
[ja ắtʌwʌ n^{j}i-pʌlutschíl/n^{j}i-pʌlutschílʌ]

Ich hatte ...
У меня́ был *(m)*/была́ *(f)*/бы́ло *(nt)*/бы́ли *(pl)* ...
[u-m^{j}in^{j}á byl/bylá/býlʌ/býl^{j}i ...]

Das ist für Sie.
Э́то Вам. [ắtʌ wam]

Es stimmt so.
Сда́чи не на́до. [sdátschi n^{j}i-nádʌ]

Manchmal steht auf der Speisekarte: **Обслу́живание не включено́ в счёт.** [apßlúshywʌn^{j}ije n^{j}i-fkl^{j}utschinó f-schtschót.]. *Die Bedienung ist nicht inbegriffen.* In diesen Fällen wird von Ihnen ein Trinkgeld um die 10% erwartet.

Zu Tisch

Was trinken Sie/trinkst du?
Что Вы бу́дете/ты бу́дешь пить?
[schto wy búd^{j}it^{j}e/ty búd^{j}isch p^{j}it^{j}]

Ich nehme ...
Я бу́ду ... *(+ akk)* [ja búdu]

Für mich bitte keinen Wodka.
Мне во́дку не на́до. [mn^{j}e wótku n^{j}i-nádʌ]

Auf Ihre/deine Gesundheit!
За Ва́ше/За твоё здоро́вье!
[sa-wáschy/sʌ-twajó sdarów^{j}je]

Auf das Zusammensein!
За встре́чу! [sa-fßtr^{j}étschu]

Nehmen Sie/Nimmst du noch ...
Бу́дете/Бу́дешь ещё ... *(+ akk)*
[búd^{j}it^{j}e/búd^{j}isch jischtschó]

Danke, ich bin satt.
Спаси́бо, я сыт/сыта́. *(m/f)* [ßpaß^{j}íbʌ ja ßyt/ßytá]

Das geht auf meine Rechnung.
За э́то бу́ду плати́ть я. [sa-ắtʌ búdu plat^{j}ít^{j} ja]

alkoholfrei	безалкого́льный [b^{j}isʌlkagól^{j}nyj]
Besteck	прибо́р [pr^{j}ibór]
Bestellung	зака́з [sakáß]
Essig	у́ксус [úkßuß]
Gabel	ви́лка [w^{j}ílkʌ]
Gericht	блю́до [bl^{j}údʌ]
Getränk	напи́ток [nap^{j}ítʌk]
Gräte	ры́бья кость [rýb^{j}jʌ koß^{j}t^{j}]
hausgemacht	дома́шний [damáschn^{j}ij]
Kellner/in	официа́нт/ка [af^{j}izyánt/kʌ]
Ketchup	ке́тчуп [k^{j}étschup]
lieblich *(Wein)*	сла́дкое [ßlátkʌje]
Löffel	ло́жка [lóschkʌ]

Teelöffel	чайная ло́жка [tscháјnʌјʌ lóschkʌ]
Mayonnaise	майоне́з [mʌјanä́ß]
Messer	нож [nosch]
Öl	ма́сло [máßlʌ]
Pfeffer	пе́рец [pʲérʲiz]
Salz	соль *(f)* [ßolʲ]
Senf	горчи́ца [gartschízʌ]
Serviette	салфе́тка [ßalfʲétkʌ]
Soße	со́ус [ßóuß]
Spezialität des Hauses	фи́рменное блю́до [fʲírmʲinʌje blʲúdʌ]
Süßstoff	сахарозамени́тель [ßáchʌrʌsʌmʲinʲítʲilʲ]
Trinkgeld	чаевы́е [tschʌjiwýje]
trocken (Wein)	сухо́е [ßuchóje]
Wasser	вода́ [wadá]
Zucker	са́хар [ßáchʌr]

ESSEN UND TRINKEN

ZU TISCH

Меню́

SPEISEKARTE

(besonders typische Gerichte sind mit * gekennzeichnet)

ЗА́ВТРАК	**FRÜHSTÜCK**
Ко́фе чёрный *(m)* [kóf^{j}e tschórnyj]	schwarzer Kaffee
Ко́фе с моло́ко́м [kóf^{j}e ß-mʌlakóm]	Kaffee mit Milch
Ко́фе без кофе́ина [kóf^{j}e b^{j}iß-kʌf^{j}iínʌ]	koffeinfreier Kaffee
Сму́зи [ßmús^{j}i]	Smoothie
Сок фрукто́вый [ßok fruktówyj]	Fruchtsaft
Яйцо всмя́тку [jizó fßm^{j}átku]	weich gekochtes Ei
Яи́чница-болту́нья [jiíschn^{j}izʌ baltún^{j}jʌ]	Rühreier
Яи́чница с ветчино́й [jiíschn^{j}izʌ ß-w^{j}itschinój]	Eier mit Schinken
Ка́ша [káschʌ]	Grütze
Блины́ [bl^{j}iný] *(mpl)*	Pfannkuchen
Сы́рники [ßýrn^{j}ik^{j}i] *(mpl)*	Quarkplinsen
Хлеб/Бу́лочка/Тост [chl^{j}ep/búlʌtschkʌ/tost]	Brot/Brötchen/Toast
Ма́сло [máßlʌ]	Butter
Сыр [ßyr]	Käse
Колбаса́ [kʌlbaßá]	Wurst
Ветчина́ [w^{j}itschiná]	Schinken
Варе́нье [war^{j}én^{j}je]; ***Джем*** [dshem]	Marmelade
Мёд [m^{j}ot]	Honig
Мю́сли [m^{j}úßl^{j}i] *(n sing u. pl)*	Müsli
Йо́гурт [jógurt]	Joghurt

Творóг [twarók]	Quark
Сметáна [ßm^j^itánʌ]	Schmand
Фрýкты [frúkty] *(mpl)*	Obst

ХОЛÓДНЫЕ ЗАКЎСКИ	**KALTE VORSPEISEN**
Ассортú [aßart^j^í] *(sing u. pl)*	Vorspeisenteller/Aufschnitt
Бутербрóд [but^j^irbrót]	belegtes Brot
Óкорок [ókʌrʌk],]	
Ветчинá [w^j^itschiná]	Schinken
*Икрá (крáсная) ** [ikrá (kráßnʌjʌ)]	Kaviar (roter)
Колбасá [kʌlbaßá]	Wurst
твердокопчёная [tw^j^irdʌkaptschónʌjʌ]	Hartwurst
сырокопчёная [ßyrʌkaptschónʌjʌ]	Frischwurst
Крáбы [kráby] *(mpl)*	Krabben
*Óкорок москóвский ** [ókʌrʌk maßkófßk^j^ij]	Moskauer Schinken
Паштéт (из дúчи/из пéчени) [pascht^j^ét (is-d^j^ítschi/ iß-p^j^étschin^j^i)]	Pastete (Wildpastete/ Leberpastete)
Рыба [rýbʌ]	Fisch
горя́чего копчéния [gar^j^átschiwʌ kaptschén^j^ijʌ]	heiß geräuchert
холóдного копчéния [chalódnʌwʌ kaptschén^j^ijʌ]	kalt geräuchert
под маринáдом [pʌd-mʌr^j^inádʌm]	mit Marinade
Горбýша [garbúschʌ]	Buckellachs
Кéта [k^j^étʌ]	sibirischer Lachs
Лосóсь [laßóß^j^] *(m)*	Lachs

ESSEN UND TRINKEN

ESSEN UND TRINKEN

Па́лтус [páltuß]	Steinbutt
Севрю́га [ßʲiwrʲúgʌ]	Stör
Сельдь [ßʲelʲtʲ] *(f)*	Hering
Селёдка [ßʲilʲótkʌ]	Hering
Сёмга [ßʲómgʌ]	Salm
Витами́нный сала́т [wʲitamʲínnyj ßalát]	
Овощно́й сала́т [awaschtschnój ßalát]	Gemüsesalat
Сала́т из помидо́ров с огурца́ми (с яйцо́м) [ßalát iß-pʌmʲidórʌf ß-ʌgurzámʲi (ß-jijzóm)]	Tomaten-Gurken-Salat (mit Ei)
*Сала́т Оливье́/ Столи́чный ** [ßalát alʲiwʲjé/ ßtalʲítschnyj]	Russischer Salat mit Huhn/ mit Fleisch
Яйцо́ [jijzó]	(Hart gekochtes) Ei
– под майоне́зом [pʌd-mʌjanásʌm]	mit Mayonnaise
– фарширо́ванное [fʌrschyrówʌnʌje]	gefüllt

ПЕ́РВЫЕ БЛЮ́ДА — SUPPEN

Бульо́н [bulʲón]	Bouillon
говя́жий/кури́ный [gawʲáshyj/kurʲínyj]	Rinds-/Geflügelbouillon
– с яйцом [ß-jijzóm]	mit Ei
– с пирожками [ß-pʲiraschkámʲi]	mit Piroggen
*Борщ (украи́нский) ** [borschtsch (ukraínßkʲij)]	Borschtsch (ukrainischer) *(Suppe mit roter Bete und Kohl)*
*Грибна́я соля́нка ** [grʲibnájʌ ßalʲánkʌ]	Pilz-Soljanka

Грибнóй суп [grʲibnój ßup]	Pilzsuppe
Молóчный суп [malótschnyj ßup]	Milchsuppe
Рассóльник * [raßßólʲnʲik]	Suppe mit Geflügel, Reis, saurer Gurke
Ры́бный суп [rýbnyj ßup]	Fischsuppe
Соля́нка * [ßalʲánkʌ]	Soljanka *(Suppe mit einigen unterschiedlichen Fleischsorten)*
Суп с фрикадéльками [ßup ß-frʲikadʲélʲkʌmʲi]	Fleischknödelsuppe
Ухá * [uchá]	Fischsuppe
Щи * [schtschi] *(fpl)*	Kohlsuppe
– свéжие [ßwʲéshyje]	aus frischem Kohl
– ки́слые [kʲíßlyje]	aus Sauerkraut
– пóстные [póßnyje]	ohne Fleisch

МЯСНЫ́Е БЛЮ́ДА	**FLEISCHGERICHTE**
Мя́со [mjáßʌ]	Fleisch
Барáнина [baránʲinʌ]	Hammel
Говя́дина [gawʲádʲinʌ]	Rind
Крóлик [królʲik]	Kaninchen
Свини́на [ßwʲinʲínʌ]	Schwein
Теля́тина [tʲilʲátʲinʌ]	Kalb
– натурáльный [nʌturálʲnyj]	am Stück
– ру́бленный [rúblʲinyj]	gehackt
– мóлотый [mólʌtyj]	gemahlen
Беф-стрóганоф [bʲef-ßtrógʌnʌf]	Bœuf Stroganoff
Бифштéкс [bʲifschtékß]	Hackbraten
Гуля́ш [gulʲásch]	Gulasch
Котлéты [katlʲéty] *(fpl)*	Frikadellen

ESSEN UND TRINKEN

Котлéты по-кúевски *	
[katl^jéty pa-k^jíjifßk^ji] *(fpl)*	panierte Hackfleischpastete
Отбивны́е [adb^jiwnýje]	paniertes Schnitzel
Пельмéни (сибúрские) *	
[p^jil^jm^jén^ji (ß^jib^jírßk^jije)]	Pelmeni (mit Fleisch gefüllte Teigtaschen)
Ромштéкс [ramschtékß]	Rumpsteak
Шашлы́к [schaschlýk]	Schaschlik
Шнúцель [schn^jízyl^j]	Schnitzel

ГАРНИ́РЫ И ПРИПРА́ВЫ — BEILAGEN UND ZUTATEN

Картóфель	
[kartóf^jil^j] *(m)*	Kartoffel
Картóфель (m) фри	
[kartóf^jil^j fr^ji]	Pommes frites
Лапшá [lapschá]	dünne Eiernudeln
Макарóны	
[mʌkaróny] *(mpl)*	Nudeln
Овощнóе ассортú	
[awaschtschnóje aßart^jí]	Gemüsebeilage
Рис [r^jiß]	Reis
Майонéз [mʌjanéß]	Mayonnaise
Сметáна * [ßm^jitánʌ]	saure Sahne
Грибы́ (свéжие/сушёные)	
[gr^jibý (ßw^jéshyje/ ßuschónyje)] *(mpl)*	Pilze (frische/getrocknete)
– запечённые	
[sap^jitschónyje]	gebacken
– жáреные [shár^jinyje]	gebraten

ДИЕТИ́ЧЕСКИЕ БЛЮ́ДА — FLEISCHLOSE GERICHTE

*Кáша * (грéчневая/ мáнная/овсяная/ рúсовая)*	
[káschʌ (gr^jétschn^jiwʌjʌ/ mánnʌjʌ/afß^jánʌjʌ/ r^jíßʌwʌjʌ)]	Brei (Buchweizen-/Grieß-/ Hafer-/Reis-)

ESSEN UND TRINKEN

– *на молоке* [nʌ-mʌlakʲé]	Milchbrei
– *Молочный суп* [malótschnyj ßup]	Milchsuppe
Омлет [amlʲét]	Omelett
*Сырники * (со сметаной)* [ßýrnʲikʲi (ßʌ-ßmʲitánʌj)] *(mpl)*	gebackene Quarkklößchen (mit saurer Sahne)
*Творожная запеканка ** [twaróshnʌjʌ sʌpʲikánkʌ]	Quarkpastete
Яичница (болтунья/ глазунья) [jiíschnʲizʌ (baltúnʲjʌ/glasúnʲjʌ)]	Rührei/Spiegelei

ВЫПЕЧКА/МУЧНЫЕ ИЗДЕЛИЯ	**GEBÄCK/ MEHLSPEISEN**
*Блины ** [blʲiný] *(mpl)*	Pfannkuchen
– *с вареньем* [ß-warʲénʲjim]	mit Marmelade
– *с икрой ** [ß-ykrój]	mit Kaviar
– *с мёдом* [ß-mʲódʌm]	mit Honig
– *со сметаной* [ßʌ-ßmʲitánʌj]	mit saurer Sahne
– *с творогом* [ß-twórʌgʌm]	mit Quark
Булочки (сладкие) [búlʌtschkʲi (ßlátkʲije)] *(fpl)*	(Süße) Brötchen
– *с изюмом* [ß-ysʲúmʌm]	mit Rosinen
– *с вареньем* [ß-warʲénʲjim]	mit Marmeladefüllung
*Пирог/Пирожки ** [pʲirók/pʲiraschkʲí] *(mpl)*	Kuchen/Pasteten/ Piroggen
– *из дрожжевого теста* [is-drʌshywówʌ tʲéßtʌ]	aus Hefeteig

ESSEN UND TRINKEN

– из слоёного те́ста [iß-ßlajónʌwʌ tʲéßtʌ]	aus Blätterteig
– с зелёным лу́ком [s-sʲilʲónym lúkʌm]	mit Lauch
– с капу́стой [ß-kapúßtʌj]	mit Kohl
– с мя́сом [ß-mʲáßʌm]	mit Fleisch
– с ри́сом [ß-rʲíßʌm]	mit Reis
– с яйцо́м [ß-jijzóm]	mit Ei
– с варе́ньем [ß-warʲénʲjim]	mit Marmelade
– с лимо́ном [ß-lʲimónʌm]	mit Zitrone
– с тво́рогом [ß-twórʌgʌm]	mit Quark
Расстега́й * [rʌßʲtʲigáj]	fettgebackener Hefeteigpfannkuchen

ДЕСЕ́РТЫ — NACHSPEISEN

Моро́женое [maróshynʌje]	Eis
сли́вочное/ шокола́дное [ßlʲíwʌtschnʌje/ schʌkaládnʌje]	Sahneeis/Schokoladeneis
– с варе́ньем [ß-warʲénʲjim]	mit Marmelade
– с сиро́пом [ß-ßʲirópʌm]	mit Sirup
– с фру́ктами [ß-frúktʌmʲi]	mit Früchten
– с шокола́дом [sch-schʌkaládʌm]	mit Schokoladensoße

Напи́тки

GETRÄNKE

***Чай** (**с лимо́ном**)* [tschaj (ß-lʲimónʌm)]	Tee (mit Zitrone)
***Ко́фе** (m) (**по-туре́цки/ эспре́ссо/америка́но**)* [kófʲe (pʌ-turʲézkʲi/ äßprắßʌ/amʲirʲikánʌ)]	Kaffee (Mokka/Espresso/ Filterkaffee)
– с молоко́м [ß-mʌlakóm]	mit Milch
– со сли́вками [ßʌ-ßlʲífkʌmʲi]	mit Sahne
Компо́т * [kampót]	Aufgussgetränk heiß oder kalt
– из сухофру́ктов/из све́жих фру́ктов [iß-ßuchafrúktʌf/ iß-ßwʲéshych frúktʌf]	aus getrockneten/frischen Früchten
Кисе́ль [kʲißʲélʲ] *(m)*	dünnflüssige Grütze zum Trinken, mit oder ohne Beeren, heiss oder kalt
Квас * [kwaß]	Kwass: säuerliches, leicht fermentiertes Malz- oder Roggengetränk (mit sehr geringem Alkoholgehalt)
Сок/Напи́ток [ßok/napʲítʌk]	Saft/Fruchtnektar
– апельси́новый [apʲilʲßínʌwyj]	Orangensaft
– виногра́дный [wʲinagrádnyj]	Traubensaft
– вишнёвый [wʲischnʲówyj]	Kirschsaft
– сли́вовый [ßlʲíwʌwyj]	Pflaumensaft

ESSEN UND TRINKEN

– томáтный [tamátnyj]	Tomatensaft
– фруктóвый [fruktówyj]	Fruchtsaft
– яблочный [jáblʌtschnyj]	Apfelsaft
Лимонáд [lʲimanát]	Limonade
Минерáльная водá [mʲinʲirálʲnʌjʌ wadá]	Mineralwasser

АЛКОГÓЛЬНЫЕ НАПИ́ТКИ — ALKOHOLISCHE GETRÄNKE

Пи́во [pʲíwʌ]	Bier
– отéчественное [atʲétschißtwʲinnʌje]	einheimisches
– и́мпортное [ímpʌrtnʌje]	importiertes
Винó (бéлое/крáсное) [wʲinó (bʲélʌje/kráßnʌje)]	Wein (weiß/rot)
– (полу)сухóе [(polu)ßuchóje]	(halb)trocken
– слáдкое [ßlátkʌje]	lieblich
– креплёное [krʲiplʲónʌje]	portweinartig
– грузи́нское [grusʲínßkʌje]	georgischer
– молдáвское [maldáfßkʌje]	moldawischer
Шампáнское [schampánßkʌje]	Sekt, Champagner
– брют [brʲut]	brut
– (полу)сухóе [(polu)ßuchóje]	(halb)trocken
– (полу)слáдкое [(polu)ßlátkʌje]	(halb)süß
– совéтское [ßawʲézkʌje]	sowjetischer
– кры́мское [krýmßkʌje]	Krimsekt
Вóдка [wótkʌ]	Wodka
отéчественная [atʲétschißtwʲinʌjʌ]	einheimischer
и́мпортная [ímpʌrtnʌjʌ]	importierter

Fisch

Auster
у́стрица
[ústr^{j}izʌ]

Dosenfisch
ры́бные консе́рвы
[rýbnyje kanß^{j}érwy]

Fischfilet
ры́бное филе́
[rýbnʌje f^{j}il^{j}é]

Flusskrebs
рак
[rak]

Forelle
форе́ль
[far^{j}él^j]

Heilbutt
па́лтус
[páltuß]

Hummer
ома́р
[amár]

Kabeljau
треска́
[tr^{j}ißká]

Karpfen
карп
[karp]

Krake
карака́тица
[kʌrakát^{j}izʌ]

Krebs
рак
[rak]

Lachssteak
стейк лосо́ся
[ßtäjk laßóß^{j}ʌ]

Makrele
ску́мбрия
[ßkúmbr^{j}ijʌ]

Miesmuschel
ми́дия
[m^{j}íd^{j}ijʌ]

Scholle
ка́мбала
[kámbʌlʌ]

Seeteufel
морско́й чёрт
[marskój tschórt]

Seezunge
морско́й язы́к
[marskój jisýk]

Tintenfisch
кальма́р
[kal^{j}már]

Tunfisch
туне́ц
[tun^{j}éz]

Zander
суда́к
[ßudák]

Frühstück

Baranki, Bagels
бара́нки
[baránkʲi]

Butter
сли́вочное ма́сло
[ßlʲíwʌtschnʌje máßlʌ]

gekochtes Ei
варёное яйцо́
[warʲónʌje jijzó]

Honig
мёд
[mʲót]

Joghurt
йо́гурт
[jógurt]

Kaffee
ко́фе
[kófʲe]

Käse
сыр
[ßyr]

Frischkäse
творо́жный сыр
[twaróshnyj ßyr]

Marmelade
пови́дло
[pawʲídlʌ]

Omelett
омле́т
[amlʲát]

Milch
молоко́
[mʌlakó]

Pfannkuchen
(pfannengroß und dünn)
блины́
[blʲiny]

Pfannkuchen
(handflächengroß und dick)
ола́дьи
[ʌládʲji]

Rührei
яичница-болту́нья
[jiíschnizʌ-baltúnʲjʌ]

Saft
сок
[ßok]

Schwarzbrot
чёрный хлеб
[tschórnyj chlʲäp]

Spiegelei
яичница-глазу́нья
[jiíschnizʌ-glasúnʲjʌ]

Syrniki
сы́рники
[ßýrnʲikʲi]

Tee
чай
[tscháj]

Toast
тост
[toßt]

Obst

Ananas
ананáс
[ananáß]

Apfel
я́блоко
[jáblʌkʌ]

Aprikose
абрикóс
[abrʲikóß]

Banane
банáны
[banány]

Birne
грýша
[grúschʌ]

Cashewnüsse
орéхи кэ́шью
[arʲéchʲi kắschju]

Erdbeere
клубни́ка
[klubnʲíkʌ]

Feige
инжи́р
[inshýr]

Haselnüsse
лесны́е орéхи
[lʲisnýje arʲéchʲi]

Himbeere
мали́на
[malʲínʌ]

Sauerkirsche
ви́шня
[wʲíschnʲʌ]

Kirsche
ви́шня
[wʲíschnʲʌ]

Limette
лайм
[lajm]

Mirabelle
мирабéль
[mʲirabélʲ]

Nektarine
нектари́н
[nʲiktarʲín]

Orange
апельси́н
[apʲilʲsʲín]

Stachelbeere
крыжóвник
[kryshównʲik]

Pfirsich
пéрсик
[pʲérsʲik]

Pflaume
сли́ва
[ßlʲíwʌ]

Zitrone
лимóн
[lʲimón]

Gemüse

Aubergine
баклажáн
[bʌklashán]

Avocado
авокáдо
[awakádʌ]

Brokkoli
брóкколи
[brókʌlʲi]

Champignons
шампиньóны
[schʌmpʲinʲjóny]

Erbsen
горóх
[garóch]

Gurken
огурцы́
[agurzý]

Karotten
моркóвь
[markófʲ]

Kartoffeln
картóфель
[kartófʲilʲ]

Knoblauch
чеснóк
[tschißnók]

Kopfsalat
зелёный салáт
[sʲilʲónyj ßalát]

Kürbis
ты́ква
[týkwʌ]

Lauch
лук-порéй
[luk-parʲéj]

Kohl
капýста
[kapúßtʌ]

Paprika
слáдкий пéрец
[ßlátkʲij pʲérʲiz]

Radieschen
реди́ска
[rʲidʲíßkʌ]

rote Beete
свёкла
[ßwʲóklʌ]

Spinat
шпинáт
[schpʲinát]

Tomate
помидóр
[pʌmʲidór]

Zucchini
цукки́ни
[zukʲínʲi]

Zwiebel
рéпчатый лук
[rʲéptschityj luk]

Weihnachtsmarkt am Roten Platz, Moskau

EINKAUFEN

ALLES IRGENDWO ... Mancherorts werden Sie ausgesprochene Fachgeschäfte vergeblich suchen. Viele kleine Geschäfte und selbst Kioske haben dafür ein sehr bunt gefächertes Sortiment. So ist zwar praktisch alles irgendwo zu bekommen, was es auch auf dem westlichen Markt gibt. Wenn Sie etwas Bestimmtes benötigen, kann es jedoch vorkommen, dass Sie lange danach suchen müssen. Deshalb sollten Sie vor allem spezielle Gesundheitsartikel und technische Ausrüstungsgegenstände möglichst schon von zu Hause mitbringen.

Einkaufstour

EINKAUFEN

Ich suche ...
Я ищу́ ... *(+ akk)* [ja ischtschú]

Ich möchte ...
Я бы хоте́л/хоте́ла *(m)/(f)* ... *(+ akk)* [ja by chatʲél/chatʲélʌ]

Kann ich Ihnen helfen?
Я могу́ Вам помо́чь? [ja magú wam pamótsch]

Werden Sie schon bedient?
Вас уже́ обслу́живают? [waß ushǻ apßlúshywʌjut]

Danke, ich sehe mich nur um.
Спаси́бо, я то́лько смотрю́. [ßpaßʲíbʌ ja tólʲkʌ ßmatrʲú]

Haben Sie ...?
У Вас есть ...? [u-wáß jeßʲtʲ]

Darf es sonst noch etwas sein?
Что́-нибудь ещё? [schtó-nʲibutʲ jischtschó]

REKLAMIEREN

Ich möchte das bitte zurückgeben.
Я хочу́ сдать э́то обра́тно.
[ja chatschú sdatʲ ắtʌ abrátnʌ]

Es ist beschädigt/kaputt.
Э́то испо́рчено/не рабо́тает!
[Ätʌ ißpórtschinʌ/nʲi rabótʌjit]

Ich möchte bitte mein Geld zurück!
Пожа́луйста, верни́те мне де́ньги!
[pashálßtʌ wʲirnʲítʲi mnʲe dʲénʲgʲi]

Kann ich das umtauschen?
Мо́жно ли э́то обменя́ть? [móshnʌ lʲi ắtʌ abmʲinʲátʲ]

Geschäfte

Entschuldigen Sie bitte, wo finde ich ...?
Извини́те, где мо́жно найти́ ... *(+ akk)*?
[iswʲinʲítʲe gdʲe móshnʌ najtʲí]

Вре́мя рабо́ты Öffnungszeiten
Откры́то offen
Закры́то, Не рабо́тает geschlossen
Переучёт Inventur

Die Bezeichnungen, die im Folgenden in «Anführungszeichen» stehen, kann man auf Ladenschildern oder Wegweisern in größeren Kaufhäusern finden.

Apotheke .... апте́ка [aptʲékʌ]
Bäckerei .... бу́лочная [búlʌtschnʌjʌ]; «Хлеб» [chlʲep]

Bioladen	магази́н экологи́чески чи́стых проду́ктов [mʌgasʲín äkʌlagʲítschißkʲi tschíßʲtych pradúktʌf]
Blumengeschäft	цвето́чный магази́н [zwʲitótschnyj mʌgasʲín]
Buchhandlung	кни́жный магази́н [knʲíshnyj mʌgasʲín]; «Кни́ги» [knʲígʲi]
Computerfach-geschäft	компью́терный магази́н [kampʲjútyrnyj mʌgasʲín]
Drogerie	галантере́я [gʌlʌntʲirʲéjʌ]
Elektrohandlung	магази́н электротова́ров [mʌgasʲín älʲektrʌtawárʌf]
Feinkostgeschäft	гастроно́м [gʌßtranóm]; «Деликате́сы» [dʲilʲikatä́ßy]
Fischgeschäft	ры́бный магази́н [rýbnyj mʌgasʲín]; «Ры́ба» [rýbʌ]
Flohmarkt	бло́шка [blóschkʌ]
Friseursalon	парикма́херская [pʌrʲikmáchʲirßkʌjʌ]
Juwelier	ювели́рный магази́н [juwʲilʲírnyj mʌgasʲín]
Kaufhaus	универма́г [unʲiwʲirmák]
Konditorei	конди́терская [kandʲítʲirßkʌjʌ]
Lebensmittelgeschäft	продово́льственный магази́н [prʌdawólʲßtwʲinnyj mʌgasʲín]; «Проду́кты» *(mpl)* [pradúkty]
Markt	ры́нок [rýnʌk]
Metzgerei	мясна́я ла́вка [mʲißnájʌ láfkʌ]; «Мя́со» [mʲáßʌ]
Obst- und Gemüsehändler	овощно́й магази́н [awaschtschnój mʌgasʲín]; «О́вощи и фру́кты» *(mpl)* [ówʌschtschi i frúkty]
Optiker	о́птика [óptʲikʌ]

Reformhaus	магази́н диети́ческих продýктов [mʌgasʲín dʲijitʲítschißkʲich pradúktʌf]
Reinigung, chemische	химчи́стка [chʲimtschíßtkʌ]
Reisebüro	турагéнтство [turagʲénztwʌ]
Schneider/in	портнóй/портни́ха [partnój/partnʲíchʌ]; «Ателье́» [atylʲjé]
Schuhgeschäft	обувнóй магази́н [abuwnój mʌgasʲín]; «Óбувь» *(f)* [óbufʲ]
Schuhmacher	сапóжник [ßapóshnʲik]; «Ремóнт óбуви» [rʲimónt óbuwʲi]
Souvenirladen	сувени́рный магази́н [ßuwʲinʲírnyj mʌgasʲín];
Supermarkt	суперма́ркет [ßupʲirmárkʲit]
Tabakladen	таба́чный магази́н [tabátschnyj mʌgasʲín]
Wäscherei	пра́чечная [prátschitschnʌjʌ]
Waschsalon	пра́чечная самообслу́живания [prátschitschnʌjʌ ßʌmʌapßlúshywʌnʲijʌ]
Zeitungskiosk	газéтный киóск [gasʲétnyj kʲióßk]

Lebensmittel kaufen

Was darf es sein?

Что Вам угóдно? [schto wam ugódnʌ]; Что Вы жела́ете? [schto wy shylájitʲe]

Geben Sie mir bitte …

Да́йте мне …, пожа́луйста. [dájtʲe mnʲe pashálßtʌ]

– ein Kilo …

килогра́мм … *(+ gen)* [kʲilagrám]

– ein Stück von …

кусóк … *(+ gen)* [kußók]

- *eine Packung ...*
  пáчку ... *(+ gen)* [pátschku]
- *eine Einkaufstüte.*
  пакéт. [pakʲét]

Was ist das?
Что э́то? [schto ắtʌ]

OBST

Ananas	ананáс [ananáß]
Äpfel	я́блоки *(ntpl)* [jáblʌkʲi]
Apfelsinen	апельси́ны *(mpl)* [apʲilʲßʲíny]
Aprikosen	абрикóсы *(mpl)* [abrʲikóßy]
Bananen	банáны *(mpl)* [banány]
Birnen	грýши *(fpl)* [grúschy]
Brombeeren	ежеви́ка [jishywʲíkʌ]
Erdbeeren	землянúка [sʲimlʲinʲíkʌ]
Feigen	инжи́р *(mpl)* [inshýr]
Grapefruit	грéйпфрут [grʲéjpfrut]
Heidelbeeren	черни́ка [tschirnʲíkʌ]
Johannisbeeren	сморóдина [ßmaródʲinʌ]
Kirschen	черéшня [tschirʲéschnʲʌ]
Kiwi	ки́ви [kʲíwʲi]
Kokosnuss	кокóс [kakóß]
Mandarinen	мандари́ны *(mpl)* [mʌndarʲíny]
Mango	мáнго [mángʌ]
Melone	*(Honigmelone)* ды́ня [dýnʲʌ] *(Wassermelone)*; арбýз [arbúß]
Obst	фрýкты *(mpl)* [frúkty]
Pfirsiche	пéрсики *(mpl)* [pʲérßʲikʲi]
Pflaumen	сли́вы *(fpl)* [ßlʲíwy]
Weintrauben	виногрáд [wʲinagrát]
Zitronen	лимóны *(mpl)* [lʲimóny]

GEMÜSE

Auberginen	баклажáны *(mpl)* [bʌklashány]
Avocado	авокáдо [awakádʌ]
Blumenkohl	цветнáя капýста [zwʲitnájʌ kapúßtʌ]

Bohnen	фасо́ль *(f)* [faßólʲ]
Erbsen	горо́х [garóch]
Fenchel	фе́нхель *(m)* [fʲénchʲilʲ]
Gemüse	о́вощи *(mpl)* [ówʌschtschi]
Gurke	огуре́ц [agurʲéz]
Karotten	морко́вь *(f)* [markófʲ]
Kartoffeln	карто́фель *(m)* [kartófʲilʲ]
Knoblauch	чесно́к [tschißnók]
Kohl	капу́ста [kapúßtʌ]
Lauch	лук-поре́й [luk-parʲéj]
Linsen	чечеви́ца [tschitschiwʲízʌ]
Mais	кукуру́за [kukurúsʌ]
Paprika(schote)	пе́рец [pʲérʲiz]
Petersilie	петру́шка [pʲitrúschkʌ]
Pilze	грибы́ *(mpl)* [grʲibý]
rote Bete	свёкла *(ntpl)* [ßwʲóklʌ]
Salat	сала́т [ßalát]
Spinat	шпина́т [schpʲinát]
Tomaten	помидо́ры *(mpl)* [pʌmʲidóry]
Zucchini	цукки́ни [zukʲínʲi]
Zwiebeln	лук (ре́пчатый) [luk (rʲéptschityj)]

BACKWAREN, SÜSSWAREN …

Brot	хлеб [chlʲep]
– Schwarzbrot	чёрный хлеб [tschórnyj chlʲep]
– Vollkornbrot	цельнозерново́й хлеб [zälʲnʌsʲirnawój chlʲep]
– Weißbrot	бе́лый хлеб [bʲélyj chlʲep]
Brötchen	бу́лочка [búlʌtschkʌ]
Gebäck	пече́нье [pʲitschénʲje]
Kekse	(бискви́тное) пече́нье [(bʲißkwʲítnʌje) pʲitschénʲje]
Kuchen	пиро́г [pʲirók]; кекс [kʲékß]
Kuchenteilchen	пиро́жное [pʲiróshnʌje]
Schokolade	шокола́д [schʌkalát]
Schokoriegel	шокола́дка [schʌkalátkʌ]
Süßigkeiten	сла́дости *(fpl)* [ßládʌßʲtʲi]

EIER UND MILCHPRODUKTE

Butter	масло [máßlʌ]
Buttermilch	пахта [páchtʌ]; кефир [kʲifʲír]
Eier	яйца *(ntpl)* [jájzʌ]
Joghurt	йогурт [jógurt]
Käse	сыр [ßyr]
Kefir	кефир [kʲifʲír]
Milch	молоко [mʌlakó]
– fettarme Milch	обезжиренное молоко [abʲishshýrʲinʌje mʌlakó]
Quark	творог [twórʌk]
Sahne, saure	сметана [ßmʲitánʌ]
Schlagsahne	сливки *(fpl)* [ßlʲífkʲi]

FLEISCH UND WURSTWAREN

Aufschnitt	ассорти *(n sing und pl)* [aßartʲí]
Fleisch	мясо [mʲáßʌ]
Gulasch	гуляш [gulʲásch]
Hackfleisch	(мясной) фарш [(mʲißnój) farsch]
Hähnchen	курица [kúrʲizʌ]
Kalbfleisch	телятина [tʲilʲátʲinʌ]
Kaninchen	кролик [królʲik]
Kotelett	отбивная котлета [adbʲiwnájʌ katlʲétʌ]
Lammfleisch	баранина [baránʲinʌ]
Leberpastete	печёночный паштет [pʲetschónʌtschnyj paschtʲét]
Rindfleisch	говядина [gawʲádʲinʌ]
Salami	салями *(fpl)* [ßalʲámʲi]
Schinken	ветчина [wʲitschiná]; окорок [ókʌrʌk]
Schweinefleisch	свинина [ßwʲinʲínʌ]
Wurst	колбаса [kʌlbaßá]

FISCH UND MEERESFRÜCHTE

Aal	у́горь *(m)* [úgʌrʲ]
Austern	у́стрицы *(fpl)* [úßtrʲizy]
Barsch	о́кунь *(m)* [ókunʲ]
Fisch	ры́ба [rýbʌ]
Forelle	форе́ль *(f)* [farʲélʲ]
Hecht	щу́ка [schtschúkʌ]
Garnelen	креве́тки *(fpl)* [krʲiwʲétkʲi]
Hering	сельдь *(f)* [ßʲelʲtʲ]; селёдка [ßʲilʲótkʌ]
Hummer	ома́р [amár]
Kaviar (roter/schwarzer)	икра́ (кра́сная/чёрная) [ikrá (kráßnʌjʌ/tschórnʌjʌ)]
Krabben	кра́бы *(mpl)* [kráby]
Krebs	рак [rak]
Lachs	лосо́сь *(m)* [laßóßʲ]
Makrele	ску́мбрия [ßkúmbrʲijʌ]
Miesmuscheln	ми́дии *(fpl)* [mʲídʲii]
Muscheln	раку́шки [rakúschkʲi]
Seezunge	морско́й язы́к [marßkój jasýk]
Stör	осётр [aßʲótr]
Stockfisch	копчёная треска́ [kaptschónʌjʌ trʲißká]
Thunfisch	туне́ц [tunʲéz]

GETRÄNKE

Apfelsaft	я́блочный сок [jáblʌtschnyj ßok]
Bier	пи́во [pʲíwʌ]
– alkoholfreies Bier	безалкого́льное пи́во [bʲisʌlkagólʲnʌje pʲíwʌ]
Champagner	шампа́нское [schampánßkʌje]
Kaffee	ко́фе *(m)* [kófʲe]
koffeinfreier Kaffee	ко́фе *(m)* без кофеина [kófʲe bʲiß-kʌfʲiínʌ]
Limonade	лимона́д [lʲimanát]
Mineralwasser	минера́льная вода́ [mʲinʲirálʲnʌjʌ wadá]

– mit/ohne Kohlensäure	газирóванная/не газирóванная [gʌsʲirówʌnʌjʌ]/ [nʲi-gʌsʲirówʌnʌjʌ]
Orangensaft	апельсúновый сок [apʲilʲßʲínʌwyj ßok]
Schnaps	вóдка [wótkʌ]
Tee	чай [tschaj]
– Grüner Tee	зелёный чай [sʲilʲónyj tschaj]
– Früchtetee	фруктóвый чай [fruktówyj tschaj]
– Hagebuttentee	чай из шипóвника [tschaj isch-schypównʲikʌ]
– Kamillentee	ромáшковый чай [ramáschkʌwyj tschaj]
– Pfefferminztee	мя́тный чай [mʲátnyj tschaj]
– Schwarztee	чай [tschaj]
– Teebeutel	чай в пакéтиках [tschaj f-pakʲétʲikʌch]
Wein	винó [wʲinó]
– Rośe	рóзовое винó [rósʌwʌje wʲinó]
– Rotwein	крáсное винó [kráßnʌje wʲinó]
– Weißwein	бéлое винó [bʲélʌje wʲinó]

Bücher, Zeitschriften und Schreibwaren

BÜCHER, ZEITSCHRIFTEN UND ZEITUNGEN

Ich hätte gern ...
Я бы хотéл/хотéла *(m)/(f) ... (+ akk)*
[ja by chatʲél/chatʲélʌ]

– eine deutsche Zeitung.
немéцкую газéту. [nʲimʲézkuju gasʲétu]

– eine Zeitschrift.
журнáл. [shurnál]

– einen Reiseführer.
путеводи́тель *(m)*. [putʲiwadʲítʲilʲ]
– eine Wanderkarte dieser Gegend.
маршру́тную тури́стскую ка́рту э́того райо́на.
[marschrútnuju turʲíßßkuju kártu ắtʌwʌ rajónʌ]

Buch — кни́га [knʲígʌ]
Illustrierte — иллюстри́рованный журна́л [illʲußtrʲírʌwʌnyj shurnál]
Reiseführer — путеводи́тель *(m)* [putʲiwadʲítʲilʲ]
Roman — рома́н [ramán]
Spielkarten — игра́льные ка́рты [igrálʲnyji kárty]
Stadtplan — план(-схе́ма) го́рода [plan(-ßchʲémʌ) górʌdʌ]
Straßenkarte — ка́рта автомоби́льных доро́г [kártʌ aftʌmabʲílʲnych darók]
Tageszeitung — (ежедне́вная) газе́та [(jishydnʲéwnʌjʌ) gasʲétʌ]
Wörterbuch — слова́рь *(m)* [ßlawárʲ]
Zeitschrift — журна́л [shurnál]
Zeitung — газе́та [gasʲétʌ]

SCHREIBWAREN

Ansichtskarte — откры́тка [atkrýtkʌ]
Bleistift — каранда́ш [kʌrandásch]
Block — блокно́т [blaknót]
Kugelschreiber — (ша́риковая) ру́чка [(schárʲikʌwʌjʌ) rútschkʌ]
Notizbuch — записна́я кни́жка [sʌpʲißnájʌ knʲíschkʌ]
Papier — бума́га [bumágʌ]
Schreibwaren — канцтова́ры *(mpl)* [kʌnztawáry]

Drogerieartikel

allergiegetestet	прошéдший провéрку на гипоаллергéнность [praschắtschyj praw^{j}érku na gípʌʌl^{j}irg^{j}énnʌß^{j}t^j]
Creme	(косметíческий) крем [(kʌßm^{j}it^{j}ítschißk^{j}ij) kr^{j}em]
Desinfektionsmittel	*(für Hände)* кóжный антисéптик [kóshnyj ant^{j}ißắpt^{j}ik]
Einweghandschuhe	однорáзовые перчáтки [adnarásʌwyji p^{j}irtschátk^{j}i]
Gesichtscreme	крем для лицá [kr^{j}em dl^{j}ʌ l^{j}izá]
Haargel	гель *(m)* для волóс [g^{j}el^j dl^{j}i-walóß]
Kamm	расчёска [raschtschóßkʌ]
Lichtschutzfaktor	солнцезащíтный фáктор [ßʌlnzysaschtschítnyj fáktʌr]
Mückenschutz	репеллéнты *(mpl)* (от комарóв) [r^{j}ip^{j}il^{j}énty (at-kʌmaróf)]
Mundschutz	мáска, респирáтор [máßkʌ, r^{j}isp^{j}iratʌr]
Nagellack	лак для ногтéй [lak dl^{j}i-nakt^{j}éj]
Nagellackentferner	жúдкость *(f)* для снятия лáка [shýtkʌß^{j}t^j dl^{j}i-ßn^{j}át^{j}ijʌ lákʌ]
Papiertaschentücher	бумáжные носовы́е платкú *(mpl)* [bumáshnyje nʌßawýje platk^{j}í]
Rasierer	брúтва [br^{j}ítwʌ]
Rasierwasser	лосьóн для бритья́ [laß^{j}ón dl^{j}i-br^{j}it^{j}já]
Reinigungsmilch	очищáющее молочкó [atschischtschájuschtschije mʌlatschkó]
Schnuller	сóска [ßóßkʌ]; пусты́шка [pußtýschkʌ]

Slipeinlagen	гигиени́ческие прокла́дки *(fpl)* [gʲigʲijinʲítschißkʲije praklátkʲi]
Sonnenmilch	молочко́ от со́лнца [mʌlatschkó at-ßónzʌ]
Spiegel	зе́ркало [sʲérkʌlʌ]
Watte	ва́та [wátʌ]
Wattestäbchen	ва́тные па́лочки *(fpl)* [wátnyje pálʌtschkʲi]
Windeln	па́мперсы *(mpl)* [pámpʲirsy] подгу́зники *(mpl)* [padgúsnʲikʲi]
Zahnseide	нить *(f)* для чи́стки зубо́в [nʲitʲ dlʲi-tschíßtkʲi subóf]

Elektroartikel/Computer

Adapter	ада́птер [adáptyr]
Akku	аккумуля́тор [akumulʲátʌr]
Batterie	батаре́йка [bʌtarʲéjkʌ]
CD	CD (сиди́) [ßʲi-dʲí]; компакт-ди́ск [kampágd-dʲíßk]
DVD	DVD (дивиди́) [dʲiwʲidʲí]
Föhn	фен® [fʲen]
Glühbirne	электри́ческая ла́мпочка [älʲiktrʲítschißkʌjʌ lámpʌtschkʌ]
Handy	моби́льный телефо́н [mabʲílʲnyj tʲilʲifón]
Kabel	ка́бель *(m)* [kábʲilʲ]
Kopfhörer	нау́шники [naúschnʲikʲi]
Ladegerät	заря́дное устро́йство [sarʲádnʌje ußtrójßtwʌ]
Ladekabel für Handy/Laptop	зарядно́й ка́бель для моби́льника/для но́утбука [sʌrʲidnój kábʲil dlʲi-mabʲílnʲikʌ/dlʲi-nóudbukʌ]

Laptop	ноутбук [nóudbuk]
Lautsprecher	громкоговоритель *(m)* [grʌmkʌgʌwarʲítʲilʲ]
Memorystick	флэшка [fläschkʌ]
Notebook	ноутбу́к [nʌudbúk]
Smartphone	смартфо́н [ßmartfón]
Speicherkarte	ка́рта па́мяти [kártʌ pámʲitʲi]
Stecker	ште́псель *(m)* [schtäpßʲilʲ]; ви́лка [wʲílkʌ]
Tablet-PC	планше́т [planschät]
Taschenlampe	карма́нный фона́рик [karmánnyj fanárʲik]
USB-Stick	флéшка [fläschkʌ]
Verlängerungsschnur	удлини́тель *(m)* [udlʲinʲítʲilʲ]

Fotoartikel

Ich brauche … für diese Kamera.
Мне ну́жно… для э́того фотоаппара́та.
[mnʲe núshnʌ … dlʲʌ ätʌwʌ fʌtʌʌparátʌ.]

– eine Speicherkarte
ка́рта па́мяти [kárta pámʲitʲi]
– Akkus
аккумуля́торы [akumulʲátʌry]

… funktioniert nicht.
… не рабо́тает. [nʲi-rabótʌjit]

Akku	аккумуля́тор [akumulʲátʌr]
Digitalkamera	цифрово́й фотоаппара́т [zyfrawój fótʌʌpparát]
Einwegkamera	однора́зовый фотоаппара́т [adnarásʌwyj fótʌʌparát]
Speicherkarte	ка́рта па́мяти [kártʌ pámʲitʲi]

Beim Frisör

Waschen und föhnen, bitte.
Мне, пожáлуйста, помы́ть и посуши́ть гóлову.
[mnʲe pashálßtʌ pamýtʲ i pʌßuschýtʲ gólʌwu]

Schneiden mit/ohne Waschen, bitte.
Меня́ подстриги́те с мытьём/без мытья́, пожáлуйста.
[mʲnʲá pʌztrʲigítʲe ß-mytʲjóm/bʲis-mytʲjá pashálßtʌ]

Nur die Spitzen.
Мне тóлько кóнчики волóс подстри́чь.
[mnʲe tólʲkʌ kónʲtschikʲi walóß paztrʲítsch]

Nicht zu kurz/ganz kurz/etwas kürzer, bitte.
Не óчень кóротко/Очень кóротко/Покорóче, пожáлуйста.
[nʲi-ótschinʲ kórʌtkʌ/ótschinʲ kórʌtkʌ/pʌkarótschi, pashálßtʌ]

Ich möchte ...
Я бы хотéл/хотéла *(m)/ (f)* ... *(+ akk)*
[ja by chatʲél/chatʲélʌ]

färben	крáсить/покрáсить [kráßʲitʲ/pakráßʲitʲ]
föhnen	суши́ть/вы́сушить фéном [ßuschýtʲ/wýßuschytʲ fʲénʌm]
frisieren	дéлать/сдéлать причёску [dʲélʌtʲ/sʲdʲélʌtʲ prʲitschóßku]
Frisur	причёска [prʲitschóßkʌ]
Haar	вóлосы *(mpl)* [wólʌßy]
kämmen	причёсывать/причесáть [prʲitschóßywʌtʲ/prʲitschißátʲ]
Locken	кýдри *(fpl)* [kúdrʲi]
Pony	чёлка [tschólkʌ]
Scheitel	пробóр [prabór]
Schuppen	пéрхоть *(f)* [pʲérchʌtʲ]

Spitzen schneiden	стричь/подстри́чь ко́нчики воло́с [ßtrʲitsch/paztrʲítsch kónʲtschikʲi walóß]
tönen	подкра́шивать/подкра́сить [patkráschywʌtʲ/patkráßʲitʲ]

Haushaltsartikel

Abfallbeutel	му́сорный мешо́к [múßʌrnyj mʲischók]
Alufolie	(алюми́ниевая) фольга́ [(alʲumʲínʲijiwʌjʌ) falʲgá]
Dosenöffner	консе́рвный нож [kanßʲérwnyj nosch]
Flaschenöffner	открыва́лка [atkrywálkʌ]
Fleckenentferner	пятновыводи́тель [pʲátnʌwywadʲítʲilʲ]
Frischhaltefolie	пищева́я плёнка [pʲischtschiwájʌ plʲónkʌ]
Gabel	ви́лка [wʲílkʌ]
Glas	стака́н [ßtakán]
Grillkohle	у́голь *(m)* для гри́ля [úgʌlʲ dlʲi-grʲílʲʌ]
Insektenspray	спрей от насеко́мых [ßprâj at nʌßʲikómych]
Korkenzieher	што́пор [schtópʌr]
Kühlelement	аккумуля́тор хо́лода [akumulʲátʌr chólʌdʌ]
Kühltasche	су́мка-холоди́льник [ßúmkʌ-chʌladʲílʲnʲik]
Löffel	ло́жка [lóschkʌ]
Messer	нож [nosch]
Plastikbesteck	однора́зовые прибо́ры [adnarásʌwyji prʲibóry]
Plastikbeutel	мешо́к [mʲischók]; паке́т [pakʲét]

Schere — но́жницы *(fpl)* [nóshnʲizy]
Streichhölzer — спи́чки [ßpʲitschkʲi]
Taschenmesser — перочи́нный но́жик [pʲiratschínnyj nóshyk]
Thermosflasche® — те́рмос® [tármʌß]
Trinkflasche — буты́лочка [butýlʌtschkʌ]
Wäscheklammern — прище́пки *(fpl)* [prʲischtschépkʲi]

Etwas zum Anziehen

FARBEN

beige — бе́жевый [bʲéshywyj]
blau — си́ний [ßʲínʲij]
braun — кори́чневый [karʲítschnʲiwyj]
farbig — цветно́й [zwʲitnój]
einfarbig — одноцве́тный [adnazwʲétnyj]
gelb — жёлтый [shóltyj]
goldfarben — золоти́стый [sʌlatʲíßtyj]
grau — се́рый [ßʲéryj]
grün — зелёный [sʲilʲónyj]
lila — лило́вый [lʲilówyj]
orange — ора́нжевый [aránshywyj]
rosa — ро́зовый [rósʌwyj]
rot — кра́сный [kráßnyj]
schwarz — чёрный [tschórnyj]
silberfarben — серебри́стый [ßʲirʲibrʲíßtyj]
türkis — бирюзо́вый [bʲirʲusówyj]
violett — фиоле́товый [fʲialʲétʌwyj]
weiß — бе́лый [bʲélyj]
hellblau/hellgrün — све́тло-си́ний/све́тло-зелёный [ßwʲetla-ßʲínʲij]/[ßwʲétlʌ-sʲilʲónyj]
dunkelblau/dunkelgrün — тёмно-си́ний/тёмно-зелёный [tʲómna-ßʲínʲij/tʲómnʌ-sʲilʲóny]

Traditionelles Porzellan aus Gschel

ZWEI PAAR STIEFEL

Blau (**си́ний** [ßʲínʲij]) und himmelblau (**голубо́й** [gʌlubój]) sind für Russen zwei völlig verschiedene Farben.

KLEIDUNG

Kann ich es anprobieren?
Мо́жно приме́рить? [móshnʌ prʲimʲérʲitʲ]

Das ist mir zu...
Э́то сли́шком ... для меня́. [ǻtʌ ßlʲíschkʌm ... dlʲi-mʲinʲá]

- ***eng/weit.***
  те́сно/широко́ [tʲéßnʌ/schyrakó]
- ***kurz/lang.***
  ко́ротко/дли́нно [kórʌtkʌ/dlʲínnʌ]
- ***klein/groß.***
  мало́/велико́ [maló/wʲilʲikó]

Haben Sie das auch noch in einer anderen Farbe?
А у Вас есть тако́е же, но друго́го цве́та?
[a u waß jeßʲtʲ takóʲji shy no drugówʌ zwʲéta]

Anorak	куртка-анора́к [kúrtkʌ-anarák]
Anzug	костю́м [kaßʲtʲúm]
Ärmel	рука́в [rukáf]
Badeanzug	купа́льник [kupálʲnʲik]
Badehose	пла́вки *(fpl)* [pláfkʲi]
Bademantel	купа́льный хала́т [kupálʲnyj chalát]
Baumwolle	хло́пок [chlópʌk]
BH	бюстга́льтер [bʲusdgálʲtyr]
Bikini	бики́ни *(nt)* [bʲikʲínʲi]
Bluse	блу́зка [blúßkʌ]
Handschuhe	перча́тки *(fpl)* [pʲirtschátkʲi]
Hemd	руба́шка [rubáschkʌ]
Hose	брю́ки *(fpl)* [brʲúkʲi]
Hut	шля́па [schlʲápʌ]
– Sonnenhut	шля́па от со́лнца [schlʲápʌ at-ßónzʌ]
Jacke	ку́ртка [kúrtkʌ]
Jeans	джи́нсы *(mpl)*
Kleid	пла́тье [plátʲje]
Kostüm	костю́м [kaßʲtʲúm]
Krawatte	га́лстук [gálßtuk]
Leggins	ле́ггинсы *(mpl)* [lʲégʲinßy]
Leinen	лён [lʲón]
Mantel	пальто́ [palʲtó]
Mütze	ша́пка [schápkʌ]
Pullover	сви́тер [ßwʲítyr]; пуло́вер [pulówʲir]
Reißverschluss	мо́лния [mólnʲijʌ]
Rock	ю́бка [júpkʌ]
Schal	шарф [scharf]
Schirm	зо́нт(ик) [sónt(ʲik)]
Seide	шёлк [scholk]
Shorts	шо́рты *(mpl)* [schórty]
Skihose	лы́жные брю́ки *(fpl)* [lýshnyje brʲúkʲi]

Slip …… трýсики *(mpl)* [trúßʲikʲi]
Socken …… носкú *(mpl)* [naßkʲí]
Strumpfhose …… колгóтки *(fpl)* [kalgótkʲi]
T-Shirt …… футбóлка [fudbólkʌ]
Unterwäsche …… нúжнее бельё [nʲíshnʲije bʲilʲjó]
Wolle …… шерсть *(f)* [schắrßʲtʲ]

SCHUHE UND TASCHEN

Ich habe Schuhgröße …
Мой размéр … [moj rasmʲér]

Sie sind zu eng/zu groß.
Онú слúшком тéсные/слúшком большúе.
[anʲí ßlʲíschkʌm tʲéßnyje/ßlʲíschkʌm balʲschýje]

Absatz …… каблýк [kablúk]
Badeschuhe …… резúновые тáпочки *(fpl)* [rʲisʲínʌwyje tápʌtschkʲi]
Gummistiefel …… резúновые сапогú *(mpl)* [rʲisʲínʌwyje ßʌpagʲí]
Gürtel …… пóяс [pójiß]
Koffer …… чемодáн [tschimadán]
Reisetasche …… дорóжная сýмка [daróshnʌjʌ ßúmkʌ]
Rucksack …… рюкзáк [rʲugsák]
Sandalen …… сандáлии [ßandálʲii]
Schnürsenkel …… шнуркú *(mpl)* (для óбуви) [schnurkʲí (dlʲi-óbuwʲi)]
Schuh …… óбувь *(f)* [óbufʲ]
Schuhcreme …… крем для óбуви [krʲem dlʲi-óbuwʲi]
Skistiefel …… лы́жные ботúнки *(mpl)* [lýshnyje batʲínkʲi]
Sneakers …… снúкерсы [ßnʲíkʲirßy]
Sohle …… подмётка [padmʲótkʌ]

Stiefel	сапоги́ *(mpl)* [ßʌpag'í]
Tasche	су́мка [ßúmkʌ]
Turnschuhe	спорти́вная о́бувь [ßpart'íwnʌjʌ óbuf']
Umhängetasche	су́мка че́рез плечо́ [ßúmkʌ tschiér'iß pl'itschó]
Wander-/ Trekkingschuh	тури́стская о́бувь [tur'íßßkʌjʌ óbuf']

Beim Optiker

Ich hätte gern ...
Я бы хоте́л/хоте́ла *(m)/(f)* ... *(+ akk)*
[ja by chat'él/chat'élʌ]

- *eine Aufbewahrungslosung.*
  жи́дкость для хране́ния [shýtkʌß't' dl'i-chran'én 'ijʌ]
- *eine Reinigungslösung.*
  жи́дкость для очи́стки [shýtkʌß't' dl'i-atschíßtk'i]
- *für harte/weiche Kontaktlinsen.*
  для твёрдых/для мя́гких конта́ктных линз.
  [dl'i-tw'órdych/dl'i-m'áchk'ich kantáktnych l'inß]
- *Eintageslinsen.*
  однодне́вные ли́нзы. [adnadn'éwnyji l'ínsy]
- *eine Sonnenbrille.*
  солнцезащи́тные очки́. [ßʌnzysaschtschítnyje atschk'í]
- *ein Fernglas.*
  бино́кль *(m)*. [b'inókl']

EINKAUFEN

BEIM OPTIKER

Souvenirs kaufen

Ich hätte gern ...
Я бы хотéл/хотéла *(m)/(f) ... (+ akk)*
[ja by chatʲél/chatʲélʌ]

– etwas Typisches aus dieser Gegend.
что-нибудь мéстное. [schtó-nʲibutʲ mʲéßnʌje]

Bernstein	янтáрь *(m)* [jintárʲ]
echt	настоя́щий [nʌßtajáschtschij]
Gscheler Porzellan	Гжель *(f)* [gshälʲ]
handgemacht	ручнáя рабóта [rutschnájʌ rabótʌ]
Matrjoschka	матрёшка [matrʲóschkʌ]
Mitbringsel	подáрок [padárʌk]
regionales Produkt	мéстное издéлие [mʲéßnʌje isʲdʲélʲije]
Samowar	самовáр [ßʌmawár]
Schmuck	украшéние [ukraschä́nʲije]
Tracht	национáльный костю́м [nʌzyanálʲnyj kaßʲtʲúm]

Im Tabakladen

Eine Schachtel/Eine Stange ...
Пáчку/Блок ... *(+ gen)* [pátschku/blok]

– mit/ohne Filter, bitte!
с фи́льтром/без фи́льтра, пожáлуйста!
[ß-fʲílʲtrʌm/bʲiß-fʲílʲtrʌ pashálßtʌ]

Zehn Zigarren/Zigarillos, bitte.
Дéсять сигáр/сигари́лл, пожáлуйста.
[dʲéßʲitʲ ßʲigár/ßʲigarʲíl pashálßtʌ]

Aschenbecher	пéпельница [pʲépʲilʲnʲizʌ]
Feuerzeug	зажигáлка [sʌshygálkʌ]
Pfeife	трýбка [trúpkʌ]

Pfeifentabak	трýбочный табáк [trúbatschnyj tabák]
Streichhölzer	спи́чки *(fpl)* [ßpʲítschkʲi]
Zigarette	сигарéта [ßʲigarʲétʌ]
Zigarettentabak	сигарéтный табáк [ßʲigarʲétnyj tabák]
Zigarillo	сигари́лла [ßʲigarʲílʌ]
Zigarre	сигáра [ßʲigárʌ]

Uhren und Schmuck

Anhänger	кулóн [kulón]
Armband	браслéт [braßlʲét]
Armbanduhr	нарýчные часы́ *(mpl)* [narútschnyje tschißý]
für Damen/für Herren	дáмские/мужски́е [dámßkʲije/muschßkʲíje]
Brosche	брóшка [bróschkʌ]
Diamant	алмáз [almáß]
Gold	зóлото [sólʌtʌ]
– vergoldet	позолóченный [pʌsalótschinyj]
Kette	цепóчка [zypótschkʌ]
Krawattennadel	булáвка для гáлстука [buláfkʌ dlʲi-gálßtukʌ]
Kristall	хрустáль *(m)* [chrußtálʲ]
Modeschmuck	бижутéрия [bʲishutắrʲijʌ]
Ohrringe	сéрьги *(fpl)* [ßʲérʲgʲi]
Perle	жéмчуг [shắmtschuk]
Ring	кольцó [kalʲzó]
Schmuck	украшéние [ukraschắnʲije]
Silber	серебрó [ßʲirʲibró]
– versilbert	посеребрённый [pʌßʲirʲibrʲónyj]

EINKAUFEN

UHREN UND SCHMUCK

Einkaufen

Bäckerei
бу́лочная
[búlʌtschnʌjʌ]

Drogerie
галантере́я
[gʌlʌntʲirʲéjʌ]

Gemüseladen
овощно́й магази́н
[awaschtschnój mʌgasʲín]

Konditorei
конди́терская
[kandʲítʲirßkʌjʌ]

Markt
ры́нок
[rýnʌk]

Metzgerei
мясна́я ла́вка
[mʲißnájʌ láfkʌ]

Supermarkt
суперма́ркет
[ßupʲirmárkʲit]

Uhrmacher
часова́я мастерска́я
[tschißawájʌ mʌßʲtʲirßkájʌ]

Schuhgeschäft
обувно́й магази́н
[abuwnój mʌgasʲín]

Folkloreladen
магази́н наро́дных про́мыслов
[mʌgasʲín naródnych prómyßlʌf]

Gscheler Porzellan
Гжель
[gshälʲ]

Bernstein
янта́рь
[jintárʲ]

EINKAUFEN

ÜBERNACHTEN

Hotel, Pension, Privatzimmer

AN DER INFORMATION

Können Sie mir bitte ... empfehlen?
Не моглú бы Вы мне порекомендовáть ...?
[nʲi-maglʲí by wy mnʲe pʌrʲikʌmʲindawátʲ]

- ein gutes Hotel
хорóшую гостúницу [charóschuju gaßʲtʲínʲizu]
- ein preisgünstiges Hotel
дешёвую гостúницу [dʲischówuju gaßʲtʲínʲizu]
- eine Pension/ein Privatzimmer
пансиóн/чáстную кóмнату
[pʌnßʲión/tschʲáßnuju kómnʌtu]

Gibt es hier auch ...
А здесь есть ... [a sʲdʲeßʲ jeßʲtʲ]

- einen Campingplatz?
кéмпинг? [kʲémpʲink]
- eine Jugendherberge?
хóстел? [chóßʲtʲil]
- ein Studentenwohnheim?
студéнческое общежúтие?
[ßtudʲénʲtschißkʌje apschtschishýtʲije]

Ist der Strom- und Wasserverbrauch im Mietpreis enthalten?
Арéнда включáет стóимость электроэнéргии и воды́?
[arʲéndʌ fklʲutschájit ßtóimʌßʲtʲ elʲektrʌynʲérgʲii i wadý]

Wo bekommen wir die Schlüssel?
Где взять ключú? [gdʲe wsʲatʲ klʲutschí]

IM HOTEL ANGEKOMMEN

Ich habe bei Ihnen ein Zimmer reserviert. Mein Familienname ist ...
Я заказáл/заказáла *(m)/(f)* у Вас нóмер. Моя́ фамúлия ...
[ja sʌkasál/sʌkasálʌ u-wáß nómʲir. majá famʲílʲijʌ]

Haben Sie noch ein Zimmer frei ...
У Вас есть свобóдный нóмер ...
[u-wáß jeßʲtʲ ßwabódnyj nómʲir]

– für eine Nacht?
на однý ночь? [nʌ-adnú notsch]
– für zwei Tage?
на две нóчи? [na-dwʲé nótschi]
– für eine Woche?
на недéлю? [nʌ-nʲidʲélʲu]

Nein, leider nicht.
Нет, к сожалéнию. [nʲet k-ßʌshylʲénʲiju]

Ja, was für ein Zimmer wünschen Sie?
Есть. Какóй нóмер Вы желáете?
[jeßʲtʲ. kakój nómʲir wy shylájitʲe]

Haben Sie Familienzimmer?
У Вас есть нóмер для семьи́?
[u-wáß jeßʲtʲ nómʲir dlʲi-ßʲimʲjí]

Ich hätte gern ...
Я бы хотéл/хотéла *(m)/(f)* ... [ja by chatʲél/chatʲélʌ]

– ein Einzelzimmer
одномéстный нóмер [adnamʲéßnyj nómʲir]
– ein Doppelzimmer
двухмéстный нóмер [dwuchmʲéßnyj nómʲir]
– mit Dusche.
с дýшем. [s-dúschym]
– mit Bad.
с вáнной. [ß-wánnʌj]
– mit Balkon.
с балкóном. [s-balkónʌm]

Könnten Sie bitte noch ein drittes Bett/ein Kinderbett dazustellen?
Не моглú бы Вы постáвить в нóмер трéтью кровáть/ дéтскую кровáть?
[nʲi-maglʲí by wy paßtáwʲitʲ w-nómʲir trʲétʲju krawátʲ/ dʲézkuju krawátʲ]

Ist das Frühstück inklusive?
А зáвтрак включён? [a sáftrʌk fklʲútschen]

Gibt es eine Ermäßigung für Kinder?
Есть ли скúдка для детéй? [jeßʲtʲ lʲi ßkʲítkʌ dlʲi-dʲitʲéj]

Was kostet das Zimmer mit …
Скóлько стóит нóмер … [ßkólʲkʌ ßtóit nómʲir]

– Frühstück?
с зáвтраком? [s-sáftrʌkʌm]

– Halbpension?
с зáвтраком и ýжином? [s-sáftrʌkʌm i úshynʌm]

– Vollpension?
с пóлным пансиóном? [ß-pólnym pʌnßʲiónʌm]

Ihren Reisepass/Ihren Personalausweis/ Ihre Einreisekarte, bitte.
Ваш пáспорт/Вáше удостоверéние лúчности/Вáшу миграциóнную кáрту, пожáлуйста.
[wasch páßpʌrt/wáschy udʌßtʌwʲirʲénʲije lʲítschnʌßʲtʲi/ wáschu mʲigrazyónnuju kártu pashálßtʌ]

Wo kann ich den Wagen abstellen?
Где мóжно постáвить машúну?
[gdʲe móshnʌ paßtáwʲitʲ maschýnu]

– Auf unserem (bewachten) Parkplatz.
На нáшей (охраняемой) стоянке.
[na-náschyj (achranʲájimʌj) ßtajánkʲe]

FRAGEN UND BITTEN

Ab wann gibt es Frühstück?
Когдá начинáется зáвтрак?
[kagdá nʌtschinájizʌ sáftrʌk]

Wo ist der Speisesaal?
Где столóвая? [gdʲe ßtalówʌjʌ]

Wo gibt es das Frühstück?
Где подаётся зáвтрак? [gdʲe pʌdajózʌ sáftrʌk]

Restaurant in Sergijew Possad

KEIN ERDGESCHOSS!

In Russland werden die Stockwerke vom Erdgeschoss ab gezählt. Mit **второ́й эта́ж** [ftarój etásch] ist also der erste Stock gemeint.

Gibt es … im Zimmer?
Есть ли в но́мере...? [jeß^{j}t^j l^{j}i w nóm^{j}ir^{j}i]

– Internetanschluss
до́ступ к интерне́ту [dóßtup k intyrnétu]

– Fernsehen
телеви́зор [t^{j}il^{j}iwísʌr]

Haben Sie WLAN?
У Вас есть Wi-Fi? [u was jeß^{j}t^j waj-fáj]

Wo kann ich hier …
Где здесь мо́жно … [gd^{j}e s^{j}d^{j}eß^j móshnʌ]

– etwas trinken?
посиде́ть в кафе́? [pʌß^{j}id^{j}ét^j w-kafǽ]

– ein Auto mieten?
взять напрока́т маши́ну? [ws'at' nʌprakát maschýnu]
– das Auto abstellen?
оста́вить маши́ну? [aßtáw'it' maschýnu]

Zimmernummer 24, bitte!
Но́мер два́дцать четы́ре, пожа́луйста!
[nóm'ir dwázʌt' tschitýr'e pashálßtʌ]

ALLES IN ORDNUNG?

Das Zimmer ist heute nicht geputzt worden.
Сего́дня мой но́мер не у́бран.
[ß'iwódn'ʌ moj nóm'ir n'i-úbrʌn]

Die Klimaanlage funktioniert nicht.
Кондиционе́р не рабо́тает.
[kʌnd'izyan'ér n'i-rabótʌjit]

Es kommt kein (warmes) Wasser.
Нет (горя́чей) воды́. [n'et (gar'átschij) wadý]

Ich hätte gern ein anderes Zimmer.
Я бы хоте́л/хоте́ла *(m)/(f)* поменя́ть но́мер.
[ja by chat'él/chat'élʌ pʌm'in'át' nóm'ir]

AUSCHECKEN UND BEZAHLEN

Ich reise heute Abend/morgen um ... Uhr ab.
Я уе́ду сего́дня ве́чером/за́втра в ... часо́в.
[ja ujédu ß'iwódn'ʌ w'étschirʌm/sáftrʌ f-... tschißóf]

Kann ich mein Gepäck (bis heute Abend) hier lassen?
Мо́жно ли мне оста́вить здесь свой бага́ж до (ве́чера)?
[móshnʌ l'i mn'e aßtáw'it' s'd'eß' ßwoj bagásch da (w'étschirʌ)]

Bis wann müssen wir das Zimmer räumen?
До кото́рого ча́са на́до освободи́ть но́мер?
[dʌ-katórʌwʌ tscháßʌ nádʌ aßwʌbad'ít' nóm'ir]

Machen Sie bitte die Rechnung fertig.
Пригото́вьте счёт, пожа́луйста.
[prʲigatóf ʲtʲe schtschót pashálßtʌ]

Nehmen Sie Kreditkarten?
Вы принима́ете креди́тные ка́рточки?
[wy prʲinʲimájitʲe krʲidʲítnyje kártʌtschkʲi]

Rufen Sie mir bitte ein Taxi.
Закажи́те для меня́ такси́, пожа́луйста.
[sʌkashýtʲe dlʲi-mʲinʲá takßʲí pashálßtʌ]

Vielen Dank für alles! Auf Wiedersehen!
Большо́е спаси́бо за всё! До свида́ния!
[balʲschóje ßpaßʲíbʌ sa-fßʲó dʌ-ßwʲidánʲijʌ]

Abendessen	у́жин [úshyn]
Abfalleimer	корзи́на для му́сора [karsʲínʌ dlʲi-múßʌrʌ]
Anmeldung	регистра́ция [rʲigʲißtrázyjʌ]
Auffahrtrampe (für Rollstühle)	накло́нный въезд (для инвали́дных коля́сок) [naklónnyj wjeßt (dlʲi-inwalʲídnych kalʲáßʌk)]
Aufzug	лифт [lʲift]
Babyfon	бебифо́н [bäbʲifón]; радионя́ня [rʌdʲianʲánʲʌ]
Badetuch	купа́льное полоте́нце [kupálʲnʌje pʌlatʲénze]
Badezimmer	ва́нная [wánnʌjʌ]
Balkon	балко́н [balkón]
barrierefrei	безбарье́рный [bisbarʲjérnyj]
Becher	кру́жка [krúschkʌ]
Bett	крова́ть *(f)* [krawátʲ]
Bettdecke	одея́ло [adʲijálʌ]
Bettwäsche	посте́льное бельё [paßʲtʲélʲnʌje bʲilʲjó]
Dusche	душ [dusch]

ebenerdig	на у́ровне земли́ [na-úrʌwnʲe sʲimlʲí]
Etage	эта́ж [ätásch]
Fenster	окно́ [aknó]
Fernseher	телеви́зор [tʲilʲiwʲísʌr]
Frühstück	за́втрак [sáftrʌk]
Frühstücksraum	буфе́т [bufʲét]; рестора́н [rʲißtarán]
Garage	гара́ж [garásch]
Glas	стака́н [ßtakán]
Halbpension	полупансио́н [polupʌnßʲión]; за́втрак и у́жин [sáftrʌk i úshyn]
Handtuch	полоте́нце [pʌlatʲénze]
Hauptsaison	разга́р сезо́на [rasgár ßʲisónʌ]
Heizung	отопле́ние [ataplʲénʲije]
Kinderbett	де́тская крова́ть [dʲézkʌjʌ krawátʲ]
Kleiderbügel	пле́чики *(mpl)* [plʲétschikʲi]
Klimaanlage	кондиционе́р [kʌndʲizyanʲér]
Kopfkissen	поду́шка [padúschkʌ]
Lampe	ла́мпа [lámpʌ]
Matratze	матра́с [matráß]
Mittagessen	обе́д [abʲét]
Nachsaison	послесезо́нный пери́од [pʌßlʲißʲisónnyj pʲirʲíʌt]
Nachttischlampe	ночни́к [natschnʲík]
Parkplatz	стоя́нка [ßtajánkʌ]
Pension	пансио́н [pʌnßʲión]
Preisliste (z. B. für die Minibar)	прейскура́нт [prʲijßkuránt]
reinigen	убира́ть/убра́ть [ubʲirátʲ/ubrátʲ]
reparieren	чини́ть/почини́ть [tschinʲítʲ/pʌtschinʲítʲ]
Restaurant	рестора́н [rʲißtarán]
rollstuhlgerecht	приспосо́бленный для инвали́дных коля́сок [prʲißpaßóblʲinnyj dlʲi-inwalʲídnych kalʲáßʌk]

Safe	сейф [ßʲejf]
Schlüssel	ключ [klʲutsch]
Speisesaal	столо́вая [ßtalówʌjʌ]
Steckdose	розе́тка [rasʲétkʌ]
Stecker	ште́псель *(m)* [schtä́pßʲilʲ]; ви́лка [wʲílkʌ]
stufenloser Zugang	вход без ступе́ней [fchot bʲiß-ßtupʲénʲij]
Swimmingpool	бассе́йн [baßʲéjn]
Terrasse	терра́са [tʲiráßʌ]
Tisch	стол [ßtol]
Toilette	туале́т [tualʲét]
Toilettenpapier	туале́тная бума́га [tualʲétnʌjʌ bumágʌ]
Türcode	дверно́й код [dwʲirnój kot]
Ventilator	вентиля́тор [wʲintʲilʲátʌr]
verlängern *(Aufenthalt)*	продлева́ть/продли́ть [prʌdlʲiwátʲ/pradlʲítʲ]
Vollpension	по́лный пансио́н [pólnyj pʌnßʲión]
Vorsaison	вре́мя до нача́ла сезо́на [wrʲémʲʌ dʌ-natschálʌ ßʲisónʌ]
Waschbecken	ра́ковина [rákʌwʲinʌ]
Wäschewechsel	сме́на белья́ [ßmʲénʌ bʲilʲjá]
Wasser	вода́ [wadá]
kaltes Wasser	холо́дная вода́ [chalódnʌjʌ wadá]
warmes Wasser	горя́чая вода́ [garʲátschʌjʌ wadá]
Wasserglas	стака́н [ßtakán]
Wasserhahn	кран [kran]
WLAN	Wi-Fi [waj-fáj]
Zimmer	ко́мната [kómnʌtʌ]

Ferienhäuser und Ferienwohnungen

Ich habe bei Ihnen ...
Я у Вас... [ja u waß]

– die Wohnung ...
квартиру... [kwartʲíru]

– das Haus ...
дом... [dom]

gebucht/gemietet.
забронировал (-а)/снял (-á)
[sʌbranʲírʌwʌl (-ʌ)/ßnʲal (ßnʲilá)]

Wo bekommen wir die Schlüssel?
Где взять ключи? [gdʲe wsʲatʲ klʲutschí]

Ist der Strom- und Wasserverbrauch im Mietpreis enthalten?
Аренда включáет стóимость электроэнергии и воды?
[arʲéndʌ fklʲutschájit ßtóimʌßʲtʲ elʲektrʌynʲérgʲii i wadý]

Sind Haustiere erlaubt?
Разрешáется ли иметь с собóй домáшних живóтных?
[rʌsrʲischájizʌ lʲi imʲétʲ ß-ßabój damáschnʲich shywótnych]

Wohin kommt der Müll?
Кудá выбрáсывать мýсор? [kudá wybráßywʌtʲ múßʌr]

Müssen wir die Wohnung/das Haus vor der Abreise selbst reinigen?
Нам нýжно самим убрáть квартиру/дом перед отъездом?
[nam núshnʌ ßamʲím ubrátʲ kwartʲíru/dom pʲirʲid-atjésdʌm]

Bekomme ich die Kaution zurück?
Мне вернýт залóг? [mnʲe wʲirnút salók]

DIE WICHTIGSTEN WÖRTER

Anzahlung	зада́ток [sadátʌk]
Apartment	кварти́ра [kwartʲírʌ]
Bungalow	бу́нгало [búngʌlʌ]
Ferienanlage	туристи́ческая ба́за [turʲißʲtʲítschißkʌjʌ básʌ]; турба́за [turbásʌ]
Ferienhaus	да́ча [dátschʌ]
Hausbesitzer	хозя́ин (до́ма) [chasʲáin (dómʌ)]
Haustiere	дома́шние живо́тные *(ntpl)* [damáschnʲije shywótnyje]
Kaution	зало́г [salók]
Küche	ку́хня [kúchnʲʌ]
Miete	аре́нда [arʲéndʌ]
Müll	му́сор [múßʌr]
Mülltrennung	разделе́ние му́сора [rʌsʲdʲilʲénʲije múßʌrʌ]
Nebenkosten	дополни́тельные расхо́ды *(mpl)* [dʌpalnʲítʲilʲnyje raßchódy]
Schlafzimmer	спа́льня [ßpálʲnʲʌ]
Schlüsselübergabe	переда́ча ключе́й [pʲirʲidátschʌ klʲutschéj]
Strom	электри́чество [älʲiktrʲítschißtwʌ]
Stromspannung	(электри́ческое) напряже́ние [(älʲiktrʲítschißkʌje) nʌprʲishénʲije]
vermieten	сдава́ть/сдать внаём [sdawátʲ/sdatʲ wnajóm]
Wasserverbrauch	потребле́ние воды́ [pʌtrʲiblʲénʲije wadý]
Zentralheizung	центра́льное отопле́ние [zyntrálʲnʌje ataplʲénʲije]

WAS MAN SO BRAUCHT

Backofen	духо́вка [duchófkʌ]
Besen	метла́ [mʲitlá]
Eimer	ведро́ [wʲidró]

Etagenbett	двухъя́русная крова́ть [dwuchjárußnʌjʌ krawátʲ]
Gasherd	га́зовая плита́ [gásʌwʌjʌ plʲitá]
Geschirr	посу́да [paßúdʌ]
Geschirrtuch	ку́хонное полоте́нце [kúchʌnnʌje pʌlatʲénzä]
Geschirrspülmaschine	посудомо́ечная маши́на [pʌßudamójitschnʌjʌ maschýnʌ]
Glas *(Trinkglas)*	стака́н [ßtakán]
Herd	плита́ [plʲitá]
Kaffeefilter	кофе́йный фи́льтр [kafʲéjnyj fílʲtr]
Kaffeelöffel	кофе́йная ло́жечка [kafʲéjnʌjʌ lóshytschkʌ]
Kaffeemaschine	кофева́рка [kʌfʲiwárkʌ]
Kehrschaufel	сово́к [ßawók]
Kühlschrank	холоди́льник [chʌladʲílʲnʲik]
Mikrowelle	микроволно́вая печь [mʲikrʌwalnówʌjʌ pʲetsch]
Pfanne	сковорода́ [ßkʌwʌradá]
Putzmittel	сре́дство для чи́стки [ßrʲéztwʌ dlʲi-tschíßtkʲi]
Schlafcouch	дива́н(-крова́ть) [dʲiwán(-krawátʲ)]
Schneidebrett	разде́лочная доска́ [rasʲdʲélʌtschnʌjʌ daßká]
Schöpfkelle	поварёшка [pʌwarʲóschkʌ]
Schüssel	ми́ска [mʲíßkʌ]
Sieb	си́то [ßʲítʌ]
Staubsauger	пылесо́с [pylʲißóß]
Tasse	ча́шка [tscháschkʌ]
Waschmaschine	стира́льная маши́на [ßʲtʲirálʲnʌjʌ maschýnʌ]
Wasserkocher	электроча́йник [elʲiktrʌtschájnʲik]
Wischmopp	шва́бра [schwábrʌ]

Camping

Haben Sie noch Platz für einen Wohnwagen/ein Zelt?
Есть ли у Вас ещё ме́сто для тре́йлера/для пала́тки? [jeßʲtʲ lʲi u-wáß jischtschó mʲéßtʌ dlʲi-trắjlʲirʌ/ dlʲi-palátkʲi]

Wie hoch ist die Gebühr pro Tag und Person?
Ско́лько сто́ит оди́н день прожива́ния для одного́ челове́ка? [ßkólʲkʌ ßtóit adʲín dʲenʲ prʌshywánʲijʌ dlʲi-ʌdnawó tschilawʲékʌ]

Wie hoch ist die Gebühr ...
Ско́лько на́до плати́ть ... [ßkólʲkʌ nádʌ platʲítʲ ...]

- *für das Auto?*
  за маши́ну? [sʌ-maschýnu]
- *für den Wohnwagen?*
  за тре́йлер? [sʌ-trắjlʲir]
- *für das Wohnmobil?*
  за ке́мпер? [sʌ-kắmpʲir]
- *für das Zelt?*
  за пала́тку? [sʌ-palátku]

Vermieten Sie Wohnwagen?
Вы даёте напрока́т тре́йлеры? [wy dajótʲe nʌprakát trắjlʲiry]

Wir bleiben ... Tage/Wochen.
Мы здесь пробу́дем ... дней/неде́ли. [my sʲdʲeßʲ prabúdʲim dnʲej/nʲidʲélʲi]

Wo sind ...
Где ... [gdʲe]

- *die Toiletten?*
  туале́ты? [tualʲéty]
- *die Waschräume?*
  умыва́льные? [umywálʲnyje]
- *die Duschen?*
  душевы́е? [duschywýje]

Camping	ке́мпинг [kʲémpʲink]
Campingplatz	ке́мпинг [kʲémpʲink]
Gasflasche, Gaskartusche	га́зовый балло́н [gásʌwyj ballón]
Gaskocher	га́зовая пли́тка [gásʌwʌjʌ plʲítkʌ]
Geschirrspülbecken	мо́йка для посу́ды [mójkʌ dlʲi-paßúdy]
Hammer	молото́к [mʌlatók]
Hering	ко́лышек [kólyschyk]
Kocher	пли́тка [plʲítkʌ]
Petroleumlampe	кероси́новая ла́мпа [kʲiraßʲínʌwʌjʌ lámpʌ]
Propangas	пропа́н [prapán]
Schlafsack	спа́льный мешо́к [ßpálʲnyj mʲischók]
Spaten	лопа́та [lapátʌ]
Steckdose	розе́тка [rasʲétkʌ]
Stecker	ште́псель *(m)* [schtä́pßʲilʲ]; ви́лка [wʲílkʌ]
Strom	электри́чество [älʲiktrʲítschißtwʌ]
Stromanschluss	подво́д электри́чества [padwót älʲiktrʲítschißtwʌ]
Taschenlampe	карма́нный фона́рик [karmánnyj fanárʲik]
Trinkwasser	питьева́я вода́ [pʲitʲjiwájʌ wadá]
Waschraum	умыва́льная [umywálʲnʌjʌ]
Wäschetrockner	суши́лка для белья́ [ßuschýlkʌ dlʲi-bʲilʲjá]
Wasser	вода́ [wadá]
Wasserkanister	кани́стра для воды́ [kanʲíßtrʌ dlʲi-wadý]
Wohnmobil	ке́мпер [kémpʲir]
Wohnwagen	тре́йлер [trä́jlʲir]
Zelt	пала́тка [palátkʌ]
Zeltstange	пала́точная сто́йка [palátʌtschnʌjʌ ßtójkʌ]

FÜR ALLE FÄLLE

In der Apotheke

Könnten Sie mir bitte … geben?
Не моглú бы Вы мне дать … *(+ gen)*?
[nʲi-maglʲí by wy mnʲe dat …]

Abführmittel	слабúтельное [ßlabʲítʲilʲnʌje]
Aspirin®	аспирúн® [aßpʲirʲín]
Augentropfen	глазнýе кáпли *(fpl)* [glasnýje káplʲi]
Beruhigungsmittel	успокáивающее/ успокоúтельное [ußpakáiwʌjuschtschije/ ußpʌkaítʲilʲnʌje]
Brandsalbe	мазь *(f)* от ожóгов [maßʲ at-ashógʌf]
Desinfektionsmittel	дезинфицúрующее срéдство [dʲisynfʲizýrujuschtschije ßrʲéztwʌ]
Elastikbinde	эластúчный бинт [älaßʲtʲítschnyj bʲint]
Elektrolytlösung	раствóр электролúтов [raßtwór älʲiktralʲítʌf]
Fieberthermometer	грáдусник [grádußnʲik]
Halstabletten	таблéтки *(fpl)* от бóли в гóрле [tablʲétkʲi ad-bólʲi w-górlʲe]
Hustensaft	микстýра от кáшля [mʲikßtúrʌ at-káschlʲʌ]
Mittel gegen Insektenstiche	срéдство от укýсов [ßrʲéztwʌ at-ukúßʌf]
Insulin	инсулúн [inßulʲín]
Kondom	презервaтúв [prʲisʲirwatʲíf]
Kopfschmerztabletten	таблéтки *(fpl)* от головнóй бóли [tablʲétkʲi ad-gʌlawnój bólʲi]
Mittel gegen Läuse	срéдство от вшей [ßrʲéztwʌ at-fschäj]
Medikament	лекáрство [lʲikárßtwʌ]
Mittel	срéдство [ßrʲéztwʌ]

Mullbinde — (мáрлевый) бинт [(márl^{j}iwyj) b^{j}int]

Ohrentropfen — кáпли в ýши *(fpl)* [kápl^{j}i w-úschy]

Pflaster — плáстырь *(m)* [pláßtyr^{j}]

Pille danach — таблéтка слéдующего дня [tabl^{j}étka ßl^{j}édujuschtschiwʌ dn^{j}a]

Puder — пýдра [púdrʌ]

Rezept — рецéпт [r^{j}izépt]

Salbe — мазь *(f)* [maß^{j}]

Schmerztabletten — болеутоля́ющие таблéтки *(fpl)* [bʌl^{j}iutal^{j}ájuschtschije tabl^{j}étk^{j}i]

Sonnenbrandsalbe — мазь *(f)* от сóлнечных ожóгов [maß^{j} at-ßóln^{j}itschnych ashógʌf]

Tablette — таблéтка [tabl^{j}étkʌ]

Traubenzucker — фруктóза [fruktósʌ]

Tropfen — кáпли *(fpl)* [kápl^{j}i]

Zäpfchen — свéчка [ßw^{j}étschkʌ]

Im Krankenhaus

Wie lange muss ich hier bleiben?
Как дóлго я здесь пробýду?
[kak dólgʌ ja s^{j}d^{j}eß^{j} prabúdu]

Geben Sie mir bitte ...
Дáйте мне ..., пожáлуйста. [dájt^{j}e mn^{j}e… pashálßtʌ]

– ein Glas Wasser.
стакáн воды́ [ßtakán wadý]

– eine Schmerztablette.
болеутоля́ющую таблéтку
[bʌl^{j}iutal^{j}ájuschtschuju tabl^{j}étku]

– ein Schlafmittel.
снотвóрное [ßnatwórnʌje]

– eine Wärmflasche.
грéлку [gr^{j}élku]

Beim Arzt

BESCHWERDEN BESCHREIBEN

Ich habe Fieber.
У меня́ жар. [u-m^{j}in^{j}á shar]

Mir ist oft übel.
Ме́ня ча́сто тошни́т. [m^{j}in^{j}á tscháßtʌ taschn^{j}ít]

Mir ist oft schwindlig.
У меня́ ча́сто кру́жится голова́.
[u-m^{j}in^{j}á tscháßtʌ krúshytß^{j}ʌ gʌlawá]

Ich bin stark erkältet.
Я си́льно простуди́лся/простуди́лась. *(m)/(f)*
[ja ß^{j}íl^{j}nʌ prʌßtud^{j}ílß^{j}ʌ/prʌßtud^{j}ílʌß^{j}]

Ich habe Kopfschmerzen/Halsschmerzen.
У меня́ боли́т голова́/го́рло.
[u-m^{j}in^{j}á bal^{j}ít gʌlawá/górlʌ]

Ich habe Husten.
У меня́ ка́шель *(m)*. [u-m^{j}in^{j}á káschyl^{j}]

Mich hat ... gebissen. (auch: gestochen)
Меня́ укуси́л/укуси́ла *(m)/(f)*...
[m^{j}in^{j}á ukuß^{j}íl/ukuß^{j}ílʌ ...]

Ich habe Durchfall/Verstopfung.
У меня́ поно́с/запо́р. [u-m^{j}in^{j}á panóß/sapór]

Ich bin gestürzt.
Я упа́л/упа́ла. *(m/f)* [ja upál/upálʌ]

Ich bin allergisch gegen ...
У меня́ аллерги́я на ... [u m^{j}in^{j}a al^{j}irg^{j}íjʌ na]

- *Antibiotika.*
  антибио́тики. [ant^{j}ib^{j}iót^{j}ik^{j}i]
- *Bienen.*
  уку́с пчелы́. [ukúß ptschilý]
- *Pollen.*
  пыльцу́. [pyl^{j}zú]

Ich bin gegen … geimpft.
Я привúт/приватá прóтив… [ja prʲiwʲít/prʲiwʲitá prótʲif]

- *Hepatitis A/B/A und B*
  гепатúта А/Б/А и Б. [gʲipatʲítʌ a/bä/a i bä]
- *Tetanus*
  столбнякá. [stʌlbnʲiká]
- *Typhus*
  тúфа. [tʲífʌ]

Ich habe einen hohen/niedrigen Blutdruck.
У меня́ повы́шенное/понúженное давлéние.
[u-mʲinʲá pawýschynʌje/panʲíshynʌje dawlʲénʲije]

Ich bin …
Я … [ja]

- *Allergiker.*
  аллéргик. [alʲérgʲik]
- *Diabetiker.*
  бóлен/больнá диабéтом. [bólʲin/balʲná dʲiabʲétʌm]
- *Epileptiker.*
  эпилéптик. [äpʲilʲéptʲik]
- *körperbehindert.*
  инвалúд. [inwalʲít]

Ich habe …
У меня́ … [u-mʲinʲá]

- *multiple Sklerose.*
  рассéянный склерóз. [raßʲéjinyj ßklʲiróß]
- *einen Herzschrittmacher.*
  кардиостимуля́тор (водúтель рúтма).
  [kárdʲiʌßʲtʲimulʲátʌr (wadʲítʲilʲ rʲítmʌ)]

Ich bin schwanger.
Я берéменна. [ja bʲirʲémʲinnʌ]

BEI DER UNTERSUCHUNG

Wo tut es weh?
Где у Вас болúт? [gdʲe u-wáß balʲít]

Ich habe hier Schmerzen.
Здесь у меня́ болúт. [sʲdʲeßʲ u-mʲinʲá balʲít]

Sie müssen geröntgt werden.
Нáдо сдéлать рентгéн. [nádʌ sʲdʲélʌtʲ rʲingʲén]

Sie müssen operiert werden.
Вам нáдо сдéлать оперáцию.
[wam nádʌ sʲdʲélʌtʲ apʲirázyju]

Es ist nichts Ernstes.
Ничегó серьёзного. [nʲitschiwó ßʲirʲjósnʌwʌ]

Ich bin gegen ... geimpft.
Я привúт/привúта прóтив *(m/f)* .... *(+ gen)*
[ja prʲiwʲít/prʲiwʲítʌ prótʲif]

KRANKHEITEN UND BESCHWERDEN

Könnten Sie mir bitte etwas gegen ... geben?
Не моглú бы Вы мне дать срéдство от ... *(+ gen)*?
[nʲi-maglʲí by wy mnʲe datʲ ßrʲéztwʌ ʌt-...]

Allergie gegen	аллергúя на ... *(+ akk)* [alʲirgʲíjʌ nʌ-...]
Angina	ангúна [angʲínʌ]
ansteckend	зарáзный [sarásnyj]
Asthma	áстма [áßtmʌ]
Ausschlag	сыпь *(f)* [ßypʲ]
Bindehautentzündung	конъюнктивúт [kʌnjunktʲiwʲit]
Blinddarmentzündung	аппендицúт [apʲindʲizýt]
Bluthochdruck	высóкое артериáльное давлéние [wyßókʌje artyrʲiálʲnʌje dawlʲénʲije]
Blutvergiftung	заражéние крóви [sʌrashénʲije krówʲi]
Borreliose	боррелиóз [bʌrʲilʲóß]
Bradykardie	брадикардúя [brʌdikardʲíjʌ]
brennen	жечь *(ipf)* [shätsch]
Bronchitis	бронхúт [branchʲít]
Diabetes	диабéт [dʲiabʲét]
Diphtherie	дифтерúя [dʲiftʲirʲíjʌ]

Durchfall	поно́с [panóß]
Entzündung	воспале́ние [wʌßpal^{j}én^{j}ije]
Epilepsie	эпиле́псия [äp^{j}il^{j}épß^{j}ijʌ]
Erbrechen	рво́та [rwótʌ]
Fieber	температу́ра [t^{j}imp^{j}iratúrʌ]
gebrochen	сло́манный [ßlómʌnyj]
Gehirnerschütterung	сотрясе́ние мо́зга [ßʌtr^{j}iß^{j}én^{j}ije mósgʌ]
Gehirnschlag	инсу́льт [inßúl^{j}t]
Gelbfieber	жёлтая лихора́дка [shóltʌjʌ l^{j}icharátkʌ]
Gelbsucht	желту́ха [shyltúchʌ]
Geschlechtskrankheit	венери́ческая боле́знь [w^{j}in^{j}ir^{j}ítschißkʌjʌ bal^{j}ésn^j]
Geschwulst	о́пухоль *(f)* [ópuchʌl^j]
Geschwür	я́зва [jáswʌ]
Grippe	грипп [gr^{j}ip]
Halsschmerzen	боль *(f)* в го́рле [bol^j w-górl^{j}e]
Hämorriden	геморро́й [g^{j}imarój]
Herzbeschwerden	жа́лобы на бо́ли в се́рдце *(mpl)* [shálʌby na-ból^{j}i f-ß^{j}érzy]
Herzfehler	поро́к се́рдца [parók ß^{j}érzʌ]
Herzinfarkt	инфа́ркт миока́рда [infárkt m^{j}iakárdʌ]
Herzrasen	тахикарди́я [tʌchikard^{j}íjʌ]
Heuschnupfen	аллерги́ческий на́сморк [al^{j}irg^{j}ítschißk^{j}ij náßmʌrk]
Hexenschuss	простре́л [praßtr^{j}él]
Hirnhautentzündung	менинги́т [m^{j}in^{j}ing^{j}ít]
Ischias	и́шиас [íschyʌß]
Keuchhusten	коклю́ш [kakl^{j}úsch]
Kinderkrankheit	де́тская боле́знь [d^{j}ézkʌjʌ bal^{j}ésn^j]
Knochenbruch	перело́м ко́сти [p^{j}ir^{j}ilóm kóß^{j}t^{j}i]
Kopfschmerzen	головна́я боль [gʌlawnájʌ bol^j]
Krankheit	боле́знь *(f)* [bal^{j}ésn^j]
Krebs	рак [rak]
Lähmung	парали́ч [pʌral^{j}ítsch]

Leistenbruch	па́ховая гры́жа [páchʌwʌjʌ grýshʌ]
Lungenentzündung	воспале́ние лёгких [wʌßpalʲénʲije lʲóchkʲich]
Magenschmerzen	боль в желу́дке [bolʲ f shylútkʲi]
Malaria	маляри́я [mʌlʲirʲíjʌ]
Mandelentzündung	воспале́ние минда́лин [wʌßpalʲénʲije mʲindálʲin]
Masern	корь *(f)* [korʲ]
Mittelohrentzündung	воспале́ние сре́днего у́ха [wʌßpalʲénʲije ßrʲédnʲiwʌ úchʌ]
Mumps	сви́нка [ßwʲínkʌ]
Nierenentzündung	нефри́т [nʲifrʲít]
Nierenstein	по́чечный ка́мень [pótschitschnyj kámʲinʲ]
Pilzinfektion	грибко́вая инфе́кция [grʲipkówʌjʌ infʲékzyjʌ]; мико́з [mʲikóß]
Prellung	уши́б [uschýp]
Rheuma	ревмати́зм [rʲiwmatʲísm]
Röteln	красну́ха [kraßnúchʌ]
Rückenschmerzen	боль *(f)* в спине́ [bolʲ f-ßpʲinʲé]
Salmonellen	сальмоне́ллы *(fpl)* [ßʌlʲmanʲélly]
Scharlach	скарлати́на [ßkʌrlatʲínʌ]
Schlaganfall	инсу́льт [inßúlʲt]
Schmerzen	бо́ли *(f)* [bólʲi]
Schwindel	головокруже́ние [gʌlʌwʌkrushǻnʲije]
Sehstörungen	наруше́ния зре́ния [nʌruschǻnʲijʌ srʲénʲijʌ]
Sonnenstich	со́лнечный уда́р [ßólnʲitschnyj udár]
Stirnhöhlenentzündung	гаймори́т [gʌjmarʲít]
Tetanus	столбня́к [ßtalbnʲák]
Typhus	тиф [tʲif]
Vergiftung	отравле́ние [atrawlʲénʲije]

verletzen	ра́нить/пора́нить [ránʲitʲ/paránʲitʲ]
Verletzung	ране́ние [ranʲénʲije]
verstaucht	растя́нутый [raßʲtʲánutyj]
Verstopfung	запо́р [sapór]
Windpocken	ве́тряная о́спа [wʲétrʲinʌjʌ óßpʌ]
Wunde	ра́на [ránʌ]
Zecke	клещ [klʲeschtsch]
Zyste	киста́ [kʲißtá]

KÖRPER UND KRANKENHAUS VON A BIS Z

atmen	дыша́ть/вздохну́ть [dyschátʲ/wsdachnútʲ]
Bescheinigung	спра́вка [ßpráfkʌ]
Besuchszeit	вре́мя посеще́ния [wrʲémʲʌ pʌßʲischtschénʲijʌ]
Blase	*(Harnblase)* пузы́рь *(m)* [pusýrʲ] *(Hautblase);* волды́рь *(m)* [waldýrʲ]
Blinddarm	слепа́я кишка́ [ßlʲipájʌ kʲischká]
Blut	кровь *(f)* [krofʲ]
Blutdruck	артериа́льное давле́ние [artyrʲiálʲnʌje dawlʲénʲije]
bluten	*(Wunde)* кровоточи́ть *(ipf)* [krʌwʌtatschítʲ]; *(Mensch)* истека́ть/исте́чь кро́вью [ißʲtʲikátʲ/ißʲtʲétsch krówʲju]
Blutgruppe	гру́ппа кро́ви [grúpʌ krówʲi]
Bronchien	бро́нхи *(mpl)* [brónchʲi]
Bypass	шунт [schunt]
Chirurg/in	хиру́рг [chʲirúrk]
Darm	кишка́ [kʲischká]
Diagnose	диа́гноз [dʲiágnʌß]
Eiter	гной [gnoj]
Erbrechen	рво́та [rwótʌ]
Facharzt	врач-специали́ст [wrʌtsch-ßpʲizyalʲíßt]

Gallenblase	жёлчный пузырь [shóltschnyj pusýrʲ]
Gehirn	мозг [moßk]
Gelenk	суста́в [ßußtáf]
Geschlechtsorgane	половы́е о́рганы *(mpl)* [pʌlawýje órgʌny]
Herz	се́рдце [ßʲérzy]
Herzschrittmacher	кардиостимуля́тор [kʌrdʲiʌßʲtʲimulʲátʌr]
Impfung	приви́вка [prʲiwʲífkʌ]
Infusion	инфу́зия [infúsʲijʌ]; ка́пельница [kápʲilʲnʲizʌ]
krank	больно́й [balʲnój]
Krankenhaus	больни́ца [balʲnʲízʌ]
Leber	пе́чень *(f)* [pʲétschinʲ]
Lunge	лёгкое [lʲóchkʌje]
Magen	желу́док [shylúdʌk]
Mandeln	минда́лины *(fpl)* [mʲindálʲiny]
Muskel	мы́шца [mýschzʌ]
nähen	зашива́ть/заши́ть [sʌschywátʲ/saschýtʲ]
Narbe	шрам [schram]; рубе́ц [rubʲeź]
Narkose	нарко́з [narkóß]
Nase	нос [noß]
Nerv	нерв [nʲerf]
Niere	по́чка [pótschkʌ]
Operation	опера́ция [apʲirázyjʌ]
Prothese	проте́з [pratä́ß]
Rippe	ребро́ [rʲibró]
röntgen	де́лать рентге́н [dʲélʌtʲ rʲingʲén]
Schienbein	го́лень [gólʲinʲ]
Schlüsselbein	ключи́ца [klʲutschízʌ]
Schulter	плечо́ [plʲitschó]
Speiseröhre	пищево́д [pʲischtschiwót]
Spritze	шприц [schprʲiz]; *(Injektion)* уко́л [ukól]; инъе́кция [injékzyjʌ]
Station	отделе́ние [addʲilʲénʲije]
Stuhlgang	стул [ßtul]

Trommelfell — барабáнная перепóнка [bʌrabánnʌjʌ pʲirʲipónkʌ]

Ultraschall — ультразвýк [ulʲtraswúk]

Untersuchung — осмóтр [aßmótr]

Urin — мочá [matschá]

Verband — повя́зка [pawʲáßkʌ]

verbinden — перевя́зывать/перевязáть [pʲirʲiwʲásywʌtʲ/pʲirʲiwʲisátʲ]

verschreiben — выпи́сывать/вы́писать [wypʲíßywʌtʲ/wýpʲißʌtʲ]

Virus — ви́рус [wʲíruß]

Wartezimmer — приёмная [prʲijómnʌjʌ]

Wirbelsäule — позвонóчник [pʌswanótschnʲik]

Zunge — язы́к [jisýk]

Beim Zahnarzt

Ich habe (starke) Zahnschmerzen.
У меня́ (óчень) боля́т зýбы.
[u-mʲinʲá (ótschinʲ) balʲát súby]

Dieser Zahn (oben/unten/vorn/hinten) tut weh.
Э́тот зуб (вéрхний/ни́жний/перéдний/зáдний) боли́т.
[átʌt sup (wʲérchnʲij/nʲíshnʲij/pʲirʲédnʲij/sádnʲij) balʲít]

Ich habe eine Füllung verloren.
У меня́ вы́пала плóмба. [u-mʲinʲá wýpʌlʌ plómbʌ]

Mir ist ein Zahn abgebrochen.
У меня́ сломáлся зуб. [u-mʲinʲá ßlamálßʲʌ sup]

Backenzahn — кореннóй зуб [kʌrʲinnój sup]

Brücke — мост [moßt]

Kiefer — чéлюсть *(f)* [tschélʲußʲtʲ]

Krone — корóнка [karónkʌ]

Loch — дуплó [dupló]

Plombe — плóмба [plómbʌ]

Prothese — протéз [pratáß]

provisorische Behandlung — вре́менное лече́ние [wrʲémʲinnʌje lʲitschénʲije]
Schneidezahn — резе́ц [rʲisʲéz]
Weisheitszahn — зуб му́дрости [sup múdrʌßʲtʲi]
Zahn — зуб [sup]
Zahnfleisch — десна́ [dʲißná]
Zahnschmerzen — зубна́я боль [subnájʌ bolʲ]
ziehen — удаля́ть/удали́ть [udalʲátʲ/udalʲítʲ]

Bankgeschäfte tätigen

Können Sie mir bitte sagen, wo hier eine Bank/eine Wechselstube/ein Geldautomat ist?
Скажи́те, пожа́луйста, где здесь банк/обме́нный пункт/банкома́т?
[ßkashýtʲi pashálßtʌ gdʲe sʲdʲeßʲ bank/abmʲénnyj punkt/bʌnkamát]

Zeigen Sie bitte ...
Покажи́те, пожа́луйста, ... [pʌkashýtʲe pashálßtʌ]

– Ihren Ausweis.
Ва́ше удостовере́ние ли́чности.
[wáschy udʌßtʌwʲirʲénʲije lʲítschnʌßʲtʲi]

– Ihren Pass.
Ваш па́спорт. [wasch páßpʌrt]

Der Geldautomat akzeptiert meine Karte nicht.
Банкома́т не принима́ет мою́ ка́рточку.
[bʌnkamát nʲi-prʲinʲimájit majú kártʌtschku]

Meine Karte ist im Automaten steckengeblieben.
Моя́ ка́рточка застря́ла в банкома́те.
[majá kártʌtschkʌ saßtrʲálʌ w-bʌnkamátʲe]

auszahlen — выпла́чивать/вы́платить [wyplátschiwʌtʲ/wýplʌtʲitʲ]
Bank — банк [bank]

FÜR ALLE FÄLLE BANKGESCHÄFTE TÄTIGEN

Bargeld	наличные (деньги) *(fpl)* [nalʲítschnyje (dʲénʲgʲi)]
Bearbeitungsgebühr	комиссионные [kʌmʲißʲiónnyje]
Betrag	сумма [ßúmʌ]
Cent	цент [zänt]
Euro	евро [jéwrʌ]
Formular	бланк [blank]
Geheimzahl	пин-код [pʲin-kót]; шифр [schyfr]
Geld	деньги *(fpl)* [dʲénʲgʲi]
Geldautomat	банкомат [bʌnkamát]
Geldwechsel	обмен денег [abmʲén dénʲik]
Kleingeld	мелочь *(f)* [mʲélʌtsch]
Konto	счёт [schtschót]
Kreditkarte	кредитная карточка [krʲidʲítnʌjʌ kártʌtschkʌ]
Münze	монета [manʲétʌ]
Quittung	квитанция [kwʲitánzyjʌ]
Rubel	рубль [rublʲ]
Scheck	чек [tschek]
Schweizer Franken	швейцарские франки *(mpl)* [schwʲijzárßkʲije fránkʲi]
Überweisung	перевод [pʲirʲiwót]
umtauschen	менять/обменять [mʲinʲátʲ/abmʲinʲátʲ]
Unterschrift	подпись *(f)* [pótpʲißʲ]
Wechselkurs	валютный курс [walʲútnyj kurß]

Bei der Polizei

Könnten Sie mir bitte sagen, wo das nächste Polizeirevier ist?
Скажите, пожалуйста, где здесь полиция?
[ßkashýtʲi, pashálßtʌ, gdʲe sdʲeßʲ palʲízyjʌ]

Ich möchte ... anzeigen.
Я хочу заявить ... [ja chatschú sʌjiwʲítʲ]

– einen Diebstahl
о кра́же. [a-kráshy]
– einen Überfall
о нападе́нии. [a-nʌpad^{j}én^{j}ii]

Mir ist ... gestohlen worden.
У меня́ укра́ли ... *(+ akk)* [u-m^{j}in^{j}á ukrál^{j}i]

– die Handtasche
су́мочку. [ßúmʌtschku]
– die Brieftasche
бума́жник. [bumáshn^{j}ik]
– mein Auto/mein Fahrrad
маши́ну/велосипе́д. [maschýnu/w^{j}ilʌß^{j}ip^{j}ét]

Mein Auto ist aufgebrochen worden.
Мою́ маши́ну взлома́ли. [majú maschýnu wslamál^{j}i]

Aus meinem Auto ist ... gestohlen worden.
Из маши́ны укра́ли ... *(+ akk)* [is-maschýny ukrál^{j}i]

Mein Sohn/Meine Tochter ist verschwunden.
Мой сын потеря́лся/Моя́ дочь потеря́лась.
[moj ßyn pʌt^{j}ir^{j}álß^{j}ʌ/majá dotsch pʌt^{j}ir^{j}álʌß^j]

Dieser Mann belästigt mich.
Э́тот мужчи́на пристаёт ко мне.
[ắtʌt muschtschínʌ pr^{j}ißtajót ka-mn^{j}é]

Ich bin überfallen/vergewaltigt worden.
На меня́ напа́ли/меня́ изнаси́ловали.
[na m^{j}in^{j}á napál^{j}i/m^{j}in^{j}á isnaß^{j}ílʌwʌl^{j}i]

Ich möchte einen Anwalt sprechen.
Я бы хоте́л *(m)*/хоте́ла *(f)* поговори́ть с адвока́том.
[ja by chat^{j}él/chat^{j}élʌ pʌgʌwar^{j}ít^j ß adwakátam]

aufbrechen .... взла́мывать/взлома́ть [wslámywʌt^j/wslamát^j]

belästigen .... пристава́ть/приста́ть к ... *(+ dat)* [pr^{j}ißtawát^j/pr^{j}ißtát^j k-...]

beschlagnahmen .... конфискова́ть *(ipf und pf; + präp)* [kʌnf^{j}ißkawát^j]

Dieb	вор [wor]
Diebstahl	кра́жа [kráshʌ]
Geldbörse	кошелёк [kʌschylʲók]
Kfz-Schein	техпа́спорт [tʲechpáßpʌrt]
Kreditkarte	креди́тная ка́рточка [krʲidʲítnʌjʌ kártʌtschkʌ]
Papiere	докуме́нты *(mpl)* [dʌkumʲénty]
Personalausweis	удостовере́ние ли́чности [udʌßtʌwʲirʲéńʲije lʲítschnʌßʲtʲi]
Polizei	поли́ция [palʲízyjʌ]
Polizist	полице́йский [palʲizä́jßkʲij]
Rechtsanwalt	адвока́т [adwakát]
Reisepass	заграни́чный па́спорт [sʌgranʲítschnyj páßpʌrt]
Richter	судья́ [ßudʲjá]
Scheckkarte	че́ковая ка́рточка [tschékʌwʌjʌ kártʌtschkʌ]
Schlüssel	ключ [klʲutsch]
Schmuggel	контраба́нда [kʌntrabándʌ]
sexuelle Belästigung	сексуа́льное домога́тельство [ßykßuálʲnʌje dʌmagátʲilʲßtwʌ]
Überfall	нападе́ние [nʌpadʲénʲije]
Verbrechen	преступле́ние [prʲißtuplʲénʲije]
Vergewaltigung	изнаси́лование [isnaßʲílʌwʌnʲije]
verhaften	арестова́ть *(ipf und pf)* [arʲißtawátʲ]
verlieren	теря́ть/потеря́ть [tʲirʲátʲ/pʌtʲirʲátʲ]
Zeuge/Zeugin	свиде́тель/свиде́тельница [ßwʲidʲétʲilʲ/ßwʲidʲétʲilʲnʲizʌ]

Auf der Post

Können Sie mir bitte sagen, wo … ist?
Скажи́те, пожа́луйста, где здесь …?
[ßkashýtʲi pashálßtʌ gdʲe sʲdʲeßʲ]

– das nächste Postamt
ближа́йший почта́мт [blʲishájschyj patschtámt]
– der nächste Briefkasten
ближа́йший почто́вый я́щик
[blʲishájschyj patschtówyj jáschtschik]

Was kostet ein Brief/eine Postkarte …
Ско́лько сто́ит отпра́вить письмо́/откры́тку …
[ßkólʲkʌ ßtóit atpráwʲitʲ pʲißʲmó/atkrýtku]

– nach Deutschland?
в Герма́нию? [w-gʲirmánʲiju]
– nach Österreich?
в А́встрию? [w-áfßtrʲiju]
– in die Schweiz?
в Швейца́рию? [f-schwʲijzárʲiju]

Drei Briefmarken zu … Rubel, … Kopeken, bitte.
Мне, пожа́луйста, три почто́вые ма́рки на … рубле́й, … копе́ек.
[mnʲe pashálßtʌ trʲi patschtówyje márkʲi nʌ-… rublʲéj kapʲéjik]

Absender	отправи́тель *(m)* [atprawʲítʲilʲ]
Adresse	а́дрес [ádrʲiß]
Brief	письмо́ [pʲißʲmó]
Briefkasten	почто́вый я́щик [patschtówyj jáschtschik]
Briefmarke	почто́вая ма́рка [patschtówʌjʌ márkʌ]
Einschreibebrief	заказно́е письмо́ [sʌkasnóje pʲißʲmó]
Empfänger	получа́тель *(m)* [pʌlutschátʲilʲ]
Formular	бланк [blank]
Gebühr	пла́та [plátʌ]; сбор [sbor]

Leerung .... выемка писем [wýjimkʌ pʲíßʲim]
Päckchen .... бандероль *(f)* [bʌndyrólʲ]
Paket .... посылка [paßýlkʌ]
Porto .... почтовый сбор [patschtówyj sbor]
Postamt .... почтамт [patschtámt]
Postkarte .... открытка [atkrýtkʌ]
Postleitzahl .... почтовый индекс [patschtówyj índykß]
Zollerklärung .... таможенная декларация [tamóshynʌjʌ dʲiklarázyjʌ]

Telefonieren

Hier spricht ...
Это говорит ... [ắto gʌwarʲít]

Hallo, mit wem spreche ich, bitte?
Алло, с кем я говорю? [alló, ß-kʲem ja gʌwarʲú]

Kann ich bitte Herrn/Frau ... sprechen?
Можно поговорить с господином .../с госпожой ...?
[móshnʌ pʌgʌwarʲítʲ s-gʌßpadʲínʌm/s-gʌßpashój]

Tut mir leid, er/sie ist nicht da.
К сожалению, его/её нет.
[k-ßʌshalʲénʲiju, jiwó/jijó nʲet]

Möchten Sie eine Nachricht hinterlassen?
Хотите оставить сообщение?
[chatʲítʲe aßtáwʲitʲ ßʌapschtschénʲije]

Anruf .... звонок [swanók]
anrufen .... звонить/позвонить (по телефону) (+ *dat*) [swanʲítʲ/pʌswanʲítʲ (pʌ-tʲilʲifónu)]

Auslandsgespräch	международный разговор [m^{j}ishdunaródnyj rʌsgawór]
besetzt	занято [sán^{j}itʌ]
Ferngespräch *(Inland/Ausland)*	междугородный/ международный разговор [m^{j}ishdugaródnyj/ m^{j}ishdunaródnyj rʌsgawór]
Gebühr	плата [plátʌ]; сбор [sbor]
Gespräch	разговор [rʌsgawór]
Handy	мобильник [mab^{j}íl^{j}n^{j}ik]
Ladegerät	зарядное устройство [sar^{j}ádnʌje ustrójßtwʌ]
Ortsgespräch	городской разговор [gʌrazkój rʌsgawór]
Prepaid-Guthaben	карточка с предоплатой [kártʌtschkʌ ß pr^{j}idaplátʌj]
SIM-Karte	СИМ-карта [ß^{j}im-kártʌ]
Smartphone	смартфон [ßmartfón]
Telefon	телефон [t^{j}il^{j}ifón]
Telefonbuch	телефонный справочник [t^{j}il^{j}ifónnyj ßpráwʌtschn^{j}ik]
Telefonkarte	телефонная карточка [t^{j}il^{j}ifónnʌjʌ kártʌtschkʌ]
Telefonnummer	номер (телефона) [nóm^{j}ir (t^{j}il^{j}ifónʌ)]
Vorwahlnummer	телефонный код [t^{j}il^{j}ifónnyj kot]
wählen	набирать/набрать [nʌb^{j}irát^j/nabrát^j]

Toilette und Bad

Wo ist die Toilette?
Где здесь туалéт? [gdʲe sʲdʲeßʲ tualʲét]

Damen	жéнский [shä́nßkʲij] Ж
Handtuch	полотéнце [pʌlatʲénzä]
Herren	мужскóй [muschßkój] М
sauber	чи́стый [tschíßtyj]
schmutzig	гря́зный [grʲásnyj]
Seife	мы́ло [mýlʌ]
Toilettenpapier	туалéтная бумáга [tualʲétnʌjʌ bumágʌ]
Wasserspülung	спуск воды́ [ßpußk wadý]

Im Notfall

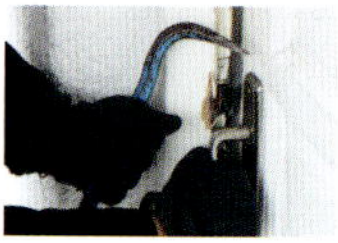

Einbruch
взлóм
[wslóm]

Diebstahl
крáжа
[kráshʌ]

Brandbekämpfung
тушéние пожáра
[tuschā́nije pashárʌ]

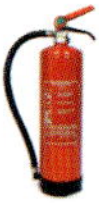

Feuerlöscher
огнетуши́тель
[agn^{j}ituschýt^{j}il^{j}]

Notausgang
авари́йный вы́ход
[awʌr^{j}íjnyj wýchʌt]

Raubüberfall
разбóйное нападéние
[rasbójnʌje nʌpad^{j}én^{j}ije]

Notrufnummer
телефóн слýжбы спасéния
[t^{j}il^{j}ifón ßlúshby ßpaßén^{j}ijʌ]

Rettungshubschrauber
спасáтельный вертолёт
[ßpaßát^{j}il^{j}nyj wirtal^{j}ót]

Rettungsring
спасáтельный круг
[ßpaßát^{j}il^{j}nyj krúk]

Sammelpunkt
мéсто сбóра
[m^{j}éßtʌ sbórʌ]

Schwimmweste
спасáтельный жилéт
[ßpaßát^{j}il^{j}nyj shyl^{j}ét]

Taschendiebstahl
кармáнная крáжа
[karmánnʌjʌ kráshʌ]

WÖRTERBUCH

А

а [a] und; aber
авáрия [awár^{j}ijʌ]Panne; Unfall
áвгуст [áwgußt] August
авиакомпáния [aw^{j}iʌkampán^{j}ijʌ] Fluggesellschaft
автóбус [aftóbuß] Bus
автомагистрáль [aftʌmʌg^{j}ißtrál^j] Autobahn
автомати́ческий [aftʌmat^{j}ítschißk^{j}ij] automatisch
агéнтство [ag^{j}énztwʌ] Agentur
адáптер [adáptär] Adapter
администрáция [adm^{j}in^{j}ißtrázyjʌ] Verwaltung; Rezeption
áдрес [ádr^{j}iß] Adresse
Áзия [ás^{j}ijʌ] Asien
аллерги́я [al^{j}irg^{j}íjʌ] Allergie
англи́йский [angl^{j}íßk^{j}ij] englisch
аппарáт [aparát] Apparat
аппети́т [ap^{j}it^{j}ít] Appetit
апрéль [apr^{j}él^j] April
аптéка [apt^{j}ékʌ] Apotheke
арéнда [ar^{j}éndʌ] Miete
áстма [áßtmʌ] Asthma
аэропóрт [aärapórt] Flughafen

Б

бáбушка [bábuschkʌ] Großmutter
багáж [bagásch] Gepäck
багáжник [bagáshn^{j}ik] Kofferraum
бал [bal] *(Tanz)* Ball
балéт [bal^{j}ét] Ballett
балкóн [balkón] Balkon
бандерóль [bʌndyról] Päckchen
банк [bank] *(Geldinstitut)* Bank
банкнóта [banknótʌ] Geldschein
банкомáт [bʌnkamát] Geldautomat
бар [bar] Bar; Kneipe
бассéйн [baß^{j}éjn] Swimmingpool
батарéйка [bʌtar^{j}éjkʌ] Batterie
бéгать [b^{j}égʌt^j] *(imperfektiv)* laufen; joggen; rennen
бéдный [b^{j}édnyj] arm
без [b^{j}éß-…] *(+ Genitiv)* ohne
безалкогóльный [b^{j}isʌlkagól^{j}nyj] alkoholfrei
безопáсный [b^{j}isapáßnyj] sicher
бéлый [b^{j}élyj] weiß
бельё [b^{j}il^{j}jó] *(Textilien)* Wäsche
бéрег [b^{j}ér^{j}ik] Küste; Ufer
бесплáтный [b^{j}ißplátnyj] kostenlos
бéшеный [b^{j}éschynyj] wütend
бики́ни [b^{j}ik^{j}ín^{j}i] Bikini
билéт [b^{j}il^{j}ét] Eintrittskarte; Fahrschein
билéт в óба концá [b^{j}il^{j}ét w-óbʌ kanzá] Rückfahrkarte
благодари́ть/поблагодари́ть [blʌgʌdar^{j}ít^j/pʌblʌgʌdar^{j}ít^j] *(+ Akkusativ)* danken

бланк [blank] Formular
бли́зко [blʲíßkʌ] *(Adverb)* nah
блу́зка [blúßkʌ] Bluse
блю́до [blʲúdʌ] *(Speise)* Gericht; Gang
бог [bok] Gott
бога́тый [bagátyj] reich
бо́лее … чем [bólʲije … tschem] *(Adverb: zur Bildung des Komparativs)* mehr als
боле́знь [balʲésnʲ] Krankheit
боль [bolʲ] Schmerz
больни́ца [balʲnʲízʌ] Krankenhaus
больно́й [balʲnój] krank
бо́льше … чем [bólʲsche … tschem] *(+ Genitiv)* mehr als
большо́й [balʲschój] groß
борода́ [bʌradá] Bart
боя́ться [bajázʌ] *(imperfektiv)* sich fürchten
брат [brat] Bruder
брать/взять [bratʲ/wsʲatʲ] nehmen
брать/взять взаймы́ *(у)* [bratʲ/wsʲatʲ wsajmý (u-…)] *(+ Genitiv) (von jemandem)* leihen
брать/взять напрока́т [bratʲ/wsʲatʲ nʌprakát] mieten
бри́твенный аппара́т [brʲítwʲinyj aparát] Rasierapparat
бри́ть(ся)/побри́ть(ся) [brʲítʲ(ßʲʌ)/pabrʲítʲ(ßʲʌ)] *(sich)* rasieren
брони́рование [branʲírʌwʌnʲije] Reservierung
брони́рование в интерне́те [branʲírʌwʌnije w intyrnétʲi] Internetbuchung
брони́ровать/заброни́ровать [branʲírʌwʌtʲ/sʌbranʲírʌwʌtʲ] reservieren; buchen
бро́ня [brónʲʌ] Buchung
брю́ки [brʲúkʲi] *(Plural)* Hose
буди́ть/разбуди́ть [budʲítʲ/rʌsbudʲítʲ] wecken
бу́дущее [búduschtschije] Zukunft
бу́ква [búkwʌ] Buchstabe
бу́лочка [búlʌtschkʌ] Brötchen
бу́лочная [búlʌtschnʌjʌ] Bäckerei
бума́га [bumágʌ] Papier
бума́жник [bumáshnʲik] Brieftasche
бу́ря [búrʲʌ] Sturm
буты́лка [butýlkʌ] Flasche
буфе́т [bufʲét] Imbissbude
бу́хта [búchtʌ] Bucht
бы́стрый [byßtryj] schnell
быть [bytʲ] sein
бюро́ [bʲuró] Büro
бюро́ обслу́живания тури́стов [bʲuró apßlúshywʌnʲijʌ turʲíßtʌf] Verkehrsamt

В

в [f-…] *(+ Akkusativ) nach; (örtl.) in (… hinein);* um *(Uhrzeit)*
в [f-…] *(+ Präpositiv)* in
в доро́ге [w-darógʲi] unterwegs
ваго́н [wagón] Waggon; Wagen
ва́жный [wáshnyj] wichtig
валю́та [walʲútʌ] Währung; Devisen
ва́нна [wánnʌ] Badewanne

ва́нная [wánnʌjʌ] Badezimmer
варе́нье [warʲénʲje] Marmelade
вари́ть/свари́ть [warʲítʲ/ßwarʲítʲ] kochen
вдруг [wdruk] *(Adverb)* plötzlich
вегетариа́нский [wʲigʲitʌrʲiánßkʲij] vegetarisch
ве́жливый [wʲéshlʲiwyj] höflich
везде́ [wʲisʲdʲé] überall
вели́кий [wʲilʲíkʲij] *(bedeutend)* groß
величина́ [wʲilʲitschiná] Größe
велосипе́д [wʲilʌßʲipʲét] Fahrrad
вентиля́тор [wʲintʲilʲátʌr] Ventilator
ве́рить/пове́рить (в) [wʲérʲitʲ/pawʲérʲitʲ (f-…)] *(+ Akkusativ)* glauben
ве́рный [wʲérnyj] wahr; *(ergeben)* treu
веро́ятный [wʲirajátnyj] wahrscheinlich
вес [wʲéß] Gewicht
весёлый [wʲißʲólyj] fröhlich
весна́ [wʲißná] Frühling
ве́тер [wʲétʲir] Wind
ветчина́ [wʲitschiná] Schinken
ве́чер [wʲétschir] Abend
вечери́нка [wʲitschirʲínkʌ] Party
ве́чером [wʲétschirʌm] abends
вещь [wʲeschtsch] Ding; Sache
взро́слый [wsróßlyj] erwachsen
вид [wʲit] Sorte; Art; Aussicht
ви́деть/уви́деть [wʲídʲitʲ/uwʲídʲitʲ] sehen
ви́за [wʲísʌ] Visum
вино́ [wʲinó] Wein
ви́рус [wʲíruß] Virus
Wi-Fi [waj-fáj] WLAN
включа́ть/включи́ть [fklʲutschátʲ/fklʲutschítʲ] einschalten; einbeziehen
владе́лец, владе́лица [wladʲélʲiz, wladʲélʲizʌ] *Besitzer, Besitzerin*
вме́сте [wmʲéßʲtʲi] *(Adverb)* zusammen; gemeinsam
вме́сто [wmʲéßtʌ] *(+ Genitiv)* anstatt
внеза́пный [wnʲisápnyj] plötzlich
внизу́ [wnʲisú] unten
внима́ние [wnʲimánʲije] Aufmerksamkeit; Achtung
внутри́ [wnutrʲí] *(+ Genitiv)* drin; innen
во вре́мя [wa-wrʲémʲʌ] *(+ Genitiv)* während
во́время [wówrʲimʲʌ] *(Adverb)* rechtzeitig
вода́ [wadá] Wasser
води́тель(ница) [wadʲítʲilʲ(nʲizʌ)] *Fahrer(in)*
води́тельские права́ [wadʲítʲilʲßkʲije prawá] Führerschein
возвраща́ть/верну́ть [wʌswraschtschátʲ/wʲirnútʲ] zurückgeben
возвраща́ться/верну́ться [wʌswraschtscházʌ/wʲirnúzʌ] zurückkehren
возвраще́ние домо́й [wʌswraschtschénʲije damój] Heimreise
возду́шный [wasdúschnyj] Luft-
возмо́жный [wasmóshnyj] möglich

во́зраст [wósrʌßt] Alter
войди́те! [wajdʲítʲi!] herein!
вокза́л [wagsál] Bahnhof
вокру́г [wakrúk] *(+ Genitiv)* um *(herum)*
во́лосы [wólʌßy] Haare
воня́ть [wanʲátʲ] *(imperfektiv, + Instrumental)* stinken *(nach)*
вопро́с [wapróß] Frage
вор [wor] Dieb
воро́та [warótʌ] *(Plural)* Tor *(Durchgang)*
воскресе́нье [wʌßkrʲißʲénʲje] Sonntag
восто́к [waßtók] Osten
вперёд [fpʲirʲót] vorwärts
впереди́ [fpʲirʲidʲí] vorn
впечатля́ющий [fpʲitschitlʲájuschtschij] beeindruckend
врач [wratsch] Arzt
вред [wrʲét] Schaden
вре́мя [wrʲémʲʌ] Zeit
вре́мя го́да [wrʲémʲʌ gódʌ] Jahreszeit
все [fßʲé] alle
всё [fßʲo] alles
всегда́ [fßʲigdá] immer
всё-таки [fßʲó-tʌkʲi] jedoch; trotzdem
встава́ть/встать [fßtawátʲ/fßtatʲ] aufstehen
встре́ча [fßtrʲétschʌ] Treffen; Verabredung
вто́рник [ftórnʲik] Dienstag
второ́е (блю́до) [ftarójе (blʲúdʌ)] Hauptspeise
второ́й [ftarój] zweiter
вход [fchot] Eingang; Eintritt
входи́ть/войти́ [fchadʲítʲ/wajtʲí] hereinkommen
вчера́ [ftschirá] gestern
въезд [wjéßt] Einfahrt; Auffahrt; Einreise
вы́езд [wýjißt] Ausfahrt; Ausreise
выключа́тель [wyklʲutschátʲilʲ] Schalter
вы́лет [wýlʲit] Abflug; Ausflug
выраже́ние [wyrashénʲije] Ausdruck
высо́кий [wyßókʲij] hoch
высота́ [wyßatá] Höhe
вы́ход [wýchʌt] Ausgang

Г

газ [gas] Gas
газе́та [gasʲétʌ] Zeitung
гара́ж [garásch] Garage
гара́нтия [garántʲijʌ] Garantie
гардеро́б [gʌrdʲiróp] Garderobe
Герма́ния [gʲirmánʲijʌ] Deutschland
гид [gʲit] Fremdenführer(in)
глаз [glaß] Auger
глубо́кий [glubókʲij] *(Adjektiv)* tiefr
глубоко́ [glubakó] *(Adverb)* tief
глу́пый [glúpyj] dumm
глухонемо́й [gluchʌnʲimój] taubstumm
гляде́ть/погляде́ть [glʲidʲétʲ/pʌglʲidʲétʲ] schauen
говори́ть/поговори́ть [gʌwarʲítʲ/pʌgʌwarʲítʲ] sprechen; reden
говори́ть/сказа́ть [gʌwarʲítʲ/ßkasátʲ] sagen
год [got] Jahr
голова́ [gʌlawá] Kopf
головна́я боль [gʌlawnájʌ bolʲ] Kopfschmerzen
голо́дный [galódnyj] hungrig

гольф [golʲf] Golf
гора́ [gará] Berg
го́рло [górlʌ] Hals
го́рный велосипе́д [górnyj wʲilʌßʲipʲét] Mountainbike
го́род [górʌt] Stadt
горо́х [garóch] Erbsen
горчи́ца [gartschízʌ] Senf
го́ры [góry] Gebirge
го́рький [górʲkʲij] bitter
горя́чий [garʲátschij] heiß
господи́н [gʌßpadʲín] *(Anrede)* Herr
госпожа́ [gʌßpashá] *(Anrede)* Frau
гость (го́стья) [goßʲtʲ, góßʲtʲjʌ] Gast
госуда́рство [gʌßudárßtwʌ] Staat
гото́вить/пригото́вить [gatówʲitʲ/prʲigatówʲitʲ] zubereiten; vorbereiten
гражда́нство [grashdánßtwʌ] Staatsangehörigkeit
грамм [gram] Gramm
грани́ца [granʲízʌ] Grenze
гриб [grʲib] Pilz
гриль [grʲilʲ] Grill
гроза́ [grasá] Gewitter
гро́мкий [grómkʲij] laut
грудь [grutʲ] Brust
грузови́к [grusawʲík] Lastwagen
гру́ппа [grúpʌ] Gruppe
гру́ша [grúschʌ] Birne
гря́зный [grʲásnyj] schmutzig
губа́ [gubá] Lippe
губна́я пома́да [gubnájʌ pamádʌ] Lippenstift
гуля́ть/погуля́ть [gulʲátʲ/pʌgulʲátʲ] spazieren gehen

Д

да [da] ja; doch
дава́ть/дать [dawátʲ/datʲ] geben
далёкий [dalʲókʲij] *(Adjektiv)* weit
далеко́ [dʌlʲikó] *(Adverb)* weit
да́мская су́мочка [dámßkʌjʌ ßúmʌtschkʌ] Handtasche
да́та [dátʌ] Datum; Termin
да́ча [dátschʌ] Ferienhaus
дверь [dwʲirʲ] Tür
дви́гатель [dwʲígʌtʲilʲ] Motor
движе́ние [dwʲishénʲije] Bewegung; *(Straßen-)* Verkehr
двор [dwor] Hof
де́вочка [dʲéwʌtschkʌ] *(kleines)* Mädchen
де́вушка [dʲéwuschkʌ] *(junges)* Mädchen
де́душка [dʲéduschkʌ] Großvater
дезинфици́ровать [dʲisynfʲizýrʌwʌtʲ] *(imperfektiv u. perfektiv)* desinfizieren
действи́тельный [dʲijßtwʲítʲilʲnyj] wirklich; gültig
дека́брь [dʲikábrʲ] Dezember
де́ло [dʲélʌ] Angelegenheit; Sache
день [dʲinʲ] Tag
день рожде́ния [dʲinʲ rashdʲénʲijʌ] Geburtstag
де́ньги [dʲénʲgʲi] *(Plural)* Geld
дере́вня [dʲirʲéwnʲʌ] Dorf
де́рево [dʲérʲiwʌ] Baum; Holz

держа́ть [dʲirshátʲ] *(imperfektiv)* halten
десе́рт [dʲißʲért] Nachtisch
де́тская площа́дка [dʲézkʌjʌ plaschtschátkʌ] Spielplatz
дешёвый [dʲischówyj] billig
джем [dshäm] Marmelade
диабе́т [dʲiabʲét] Diabetes
дие́та [dʲijétʌ] Diät
дире́кция [dʲirʲékzyjʌ] Direktion
дискоте́ка [dʲißkatʲékʌ] Diskothek
дли́нный [dlʲínnyj] lang
для [dlʲi-…] *(+ Genitiv)* für *(zu Gunsten von)*
до [dʌ-…] *(+ Genitiv)* bis; vor *(einem Zeitpunkt)*
до обе́да [dʌ-abʲédʌ] vormittags
добавля́ть/доба́вить [dʌbawlʲátʲ/dabáwʲitʲ] hinzufügen
Добро́ пожа́ловать! [dabró pashálʌwʌtʲ!] Willkommen!
дове́рие *(к)* [dawʲérʲije (k-…)] *(+ Dativ)* Vertrauen *(zu)*
дово́льный [dawólʲnyj] zufrieden
догова́риваться/договори́ться [dʌgawárʲiwʌzʌ/dʌgʌwarʲízʌ] vereinbaren
догово́р [dʌgawór] Vertrag
дождь [doschtʲ] Regen
докуме́нты [dʌkumʲénty] Papiere
до́лгий [dólgʲij] *(Zeit)* lang
дом [dom] Haus
до́ма [dómʌ] daheim
дома́шнее живо́тное [damáschnʌje shywótnʌje] Haustier
допла́та [daplátʌ] Zuschlag
дополни́тельный [dʌpalnʲítʲilʲnyj] zusätzlich
доро́га [darógʌ] Weg; *(Land-)*Straße
до́рого [dórʌgʌ] *(Adverb)* teuer
дорого́й [dʌragój] *(Adjektiv)* teuer
доро́жная по́шлина [daróshnʌjʌ póschlʲinʌ] Maut
доро́жная су́мка [daróshnʌjʌ ßúmkʌ] Reisetasche
доста́точно [daßtátʌtschnʌ] *(Adverb)* genug
достопримеча́тельность [dʌßtʌprʲimʲitschátʲilʲnʌßʲtʲ] Sehenswürdigkeit
дочь [dotsch] Tochter
друг [druk] Freund
друго́й [drugój] anderer
ду́мать/поду́мать *(о)* [dúmʌtʲ/padúmʌtʲ (a-…)] *(+ Präpositiv)* denken *(an)*
душ [dusch] Dusche
ду́шный [dúschnyj] schwül
дыша́ть/вздохну́ть [dyschátʲ/wsdachnútʲ] atmen

Е

е́вро [jéwrʌ] Euro
Евро́па [jiwrópʌ] Europa
европе́ец, европе́йка [jiwrapʲéjiz, jiwrapʲéjkʌ] Europäer, Europäerin
европе́йский [jiwrapʲéjßkʲij] europäisch
Европе́йский сою́з [jiwrapʲéjßkʲij ßajúß] Europäische Union

едá [jidá] Essen; Mahlzeit
едвá [jidwá] kaum
еди́нственный [jidʲínßtwʲinyj] einzig
ездá [jisdá] Fahrt
éздить [jésʲdʲitʲ] *(imperfektiv)* fahren
éздить верхóм [jésʲdʲitʲ wʲirchóm] *(imperfektiv)* reiten
ЕС [je-äß] EU
éсли [jéßlʲi] falls; sofern
естéственный [jißʲtʲéßtwʲinyj] *(echt)* natürlich
есть/поéсть [jeßʲtʲ/pajéßʲtʲ] essen
éхать/поéхать [jéchʌtʲ/pajéchʌtʲ] fahren
ещё [jischtschó] noch

Ж

Жáлко! [shálkʌ!] Schade!
жáловаться/пожáловаться (на) [shálʌwʌzʌ/pashálʌwʌzʌ (nʌ-…)] *(+ Akkusativ)* sich beschweren *(über)*
Жаль! [shalʲ!] Schade!
жарá [shará] Hitz
жáркий [shárkʲij] *(Wetter)* heiß
ждать/подождáть [shdatʲ/pʌdashdátʲ] warten
же [she] *(in Fragen)* denn; *(in Aussagen)* doch; aber
желáть/пожелáть [shylátʲ/pʌshylátʲ] wünschen
жёлтый [shóltyj] gelb
желýдок [shylúdʌk] Magen
женá [shyná] Ehefrau
женáтый [shynátyj] *(mit einer Frau)* verheiratet
жéнщина [shä̃nschtschinʌ] Frau
живóт [shywót] Bauch
живóтное [shywótnʌje] Tier
жи́дкий [shýtkʲij] flüssig
жи́дкость [shýtkʌßʲtʲ] Flüssigkeit
жизнь [shysnʲ] Leben
жи́рный [shýrnyj] fett
жи́тель(ница) [shýtʲilʲ(nʲizʌ)] Einwohner(in)
жить [shytʲ] *(imperfektiv)* leben; wohnen

З

за [sʌ-…] *(+ Akkusativ)* für; anstelle von
за [sʌ-…] *(+ Instrumental)* hinter
забáвный [sabáwnyj] *(belustigend)* lustig
забывáть/забы́ть [sʌbywátʲ/sabýtʲ] vergessen
зáвтра [sáftrʌ] morgen
зáвтрак [sáftrʌk] Frühstück
зáвтракать/позáвтракать [sáftrʌkʌtʲ/pasáftrʌkʌtʲ] frühstücken
загрáница [sʌgranʲízʌ] Ausland
заграни́чный пáспорт [sʌgranʲítschʲnyj páßpʌrt] Reisepass
задáток [sadátʌk] Anzahlung
закáз [sakáß] Bestellung
закры́тый [sakrytyj] geschlossen
закýска [sakúßkʌ] Vorspeise; Imbiss
зали́в [salʲíf] Bucht
залóг [salók] Kaution
заменя́ть/замени́ть [sʌmʲinʲátʲ/sʌmʲinʲítʲ] ersetzen
замóк [samók] *(Tür)* Schloss

за́мужем [sámushym] *(mit einem Mann)* verheiratet
заму́жняя [samúshnʲijʌ] *(mit einem Mann)* verheiratet
за́нятый [sánʲityj] beschäftigt; besetzt
за́пах [sápʌch] Geruch
запира́ть/запере́ть [sʌpʲirátʲ/sʌpʲirʲétʲ] *(Tür etc.)* abschließen
заполня́ть/запо́лнить [sʌpalnʲátʲ/sapólnʲitʲ] ausfüllen
запреща́ть/запрети́ть [sʌprʲischtschátʲ/sʌprʲitʲítʲ] verbieten
запрещено́! [sʌprʲischtschinó!] verboten!
заря́дное устро́йство [sarʲádnʌje ußtrójßtwʌ] Ladegerät
заряжа́ть/заряди́ть [sʌrʲishátʲ/sʌrʲidʲítʲ] *(Akku)* aufladen
зашива́ть/заши́ть [sʌschywátʲ/saschýtʲ] nähen
защи́та [saschtschítʌ] Schutz
зая́вка [sajáfkʌ] Anforderung; Anmeldung
звезда́ [swʲisdá] Stern
звони́ть/позвони́ть (по телефо́ну) [swanʲítʲ/pʌswanʲítʲ (pʌ-tʲilʲifónu)] *(+ Dativ)* anrufen
звоно́к [swanók] Klingel; Anruf
зда́ние [sdánʲije] Gebäude
здесь [sʲdʲeßʲ] hier
здоро́вый [sdaróvyj] gesund
зелёная страхова́я ка́рта [sʲilʲónʌjʌ ßtrʌchawájʌ kártʌ] grüne Versicherungskarte
зелёный [sʲilʲónyj] grün
земля́ [sʲimlʲá] Erde; Boden; Land
земляни́ка [sʲimlʲinʲíkʌ] Walderdbeere
зе́ркало [sʲírkʌlʌ] Spiegel
зима́ [sʲimá] Winter
знать [snatʲ] *(imperfektiv)* wissen; kennen
значе́ние [snatschénʲije] Bedeutung
зна́чить [snátschitʲ] *(imperfektiv)* bedeuten
зову́т [sawút] *(+ Akkusativ)* heißen
зо́лото [sólʌtʌ] Gold
зоопа́рк [sʌapárk] Zoo
зуб [sup] Zahn
зубна́я па́ста [subnájʌ páßtʌ] Zahnpasta

И

и [i] und
игра́ [igrá] Spiel
игру́шки [igrúschkʲi] Spielsachen
иде́я [idʲéjʌ] Idee
идти́/пойти́ [itʲí/pajtʲí] gehen
из [iß-…] *(+ Genitiv)* aus; von
изве́стие [iswʲéßʲtʲije] Nachricht
извине́ние [iswʲinʲénʲije] Entschuldigung
извиня́ть(ся)/извини́ть(ся) [iswʲinʲátʲ(ßʲʌ)/iswʲinʲítʲ(ßʲʌ)] *(sich)* entschuldigen
из-за [is-sʌ-…] *(+ Genitiv)* wegen
изуча́ть/изучи́ть [isutschátʲ/isutschítʲ …] lernen; studieren

или [íl^ji] oder
или ... или ... [íl^ji … íl^ji …] entweder ... oder ...
имéть [im^jét^j] *(imperfektiv)* haben *(besitzen)*
имéть вкус [im^jét^j fkuß] *(imperfektiv/+ Genitiv)* schmecken *(nach)*
и́мя [ím^jʌ] Vorname
инвали́дная коля́ска [inwal^jídnʌjʌ kal^jäßkʌ] Rollstuhl
иногдá [inagdá] manchmal
инстру́кция [inßtrúkzyjʌ] Vorschrift
интерéсный [int^jir^jéßnyj] interessant
интересовáться/ заинтересовáться [int^jir^jißawázʌ/ sʌint^jir^jißawázʌ] *(+ Instrumental)* sich interessieren *(für)*
информи́ровать(ся) [infarm^jírʌwʌt^j(ß^ja)] *(imperfektiv u. perfektiv)* *(sich)* informieren
искáть/поискáть [ißkát^j/ paißkát^j] suchen
иску́сство [ißkúßtwʌ] Kunst
истóрия [ißtór^jijʌ] Historie; Geschichte
исчисля́ть/исчи́слить [ischtsißl^ját^j/istschíßl^jit^j] berechnen
итáк [iták] also
ию́ль [ijúl^j] Juli
ию́нь [ijún^j] Juni

Й

йóга [jógʌ] Yoga
йóгурт [jógurt] Joghurt

К

к [k-…] *(+ Dativ)* zu; *(örtl.)* nach
к сожалéнию [k-ßʌshal^jén^jiju] leider
кáждый [káshdyj] jeder
как [kak] wie; *(in der Eigenschaft)* als
как раз [kak raß] soeben; gerade
кáмень [kám^jin^j] Stein
кани́кулы [kan^jíkuly] *(Plural)* Ferien
канóэ [kanóä] Kanu
каравáн [kʌrawán] Wohnwagen
карандáш [kʌrandásch] Bleistift
кармáн [karmán] *(Hosen-/ Jacken-)*Tasche
кáрта [kártʌ] *(Land-)*Karte
картóфель [kartóf^jil^j] Kartoffeln
кáсса [káßʌ] Kasse
катáться (на) [katázʌ nʌ- …] *(imperfektiv/+ Präpositiv)* fahren *(mit, auf)*
кафé [kafä́] Café; Kneipe
кáчество [kátschißtwʌ] Qualität
кáшель [káschyl^j] Husten
кварти́ра [kwart^jírʌ] Wohnung; Apartment
квитáнция [kw^jitánzyjʌ] Quittung
кекс [k^jíkß] Kuchen
кéмпер [kä́mp^jir] Wohnmobil
кéмпинг [k^jémp^jink] Camping; Campingplatz
кéтчуп [k^jétschup] Ketchup
килогрáмм [k^jilagrám] Kilogramm
киломéтр [k^jilam^jétr] Kilometer

кино́ [kʲinó] Kino
ки́слый [kʲíßlyj] sauer
кисть руки́ [kʲißʲtʲ rukʲí] Hand
класс [klaß] Klasse
кли́мат [klʲímʌt] Klima
ключ [klʲutsch] Schlüssel
кни́га [knʲígʌ] Buch
когда́ [kagdá] *(zeitlich)* als; wenn; wann
код [kot] Code
ко́жа [kóshʌ] Haut
колбаса́ [kʌlbaßá] Wurst
коле́но [kalʲénʌ] Knie
колесо́ [kʌlʲißó] Rad
кольцо́ [kalʲzó] Ring
кома́р [kamár] Mücke
ко́мната [kómnʌtʌ] Zimmer
компете́нтный [kʌmpʲitʲéntnyj] zuständig
ко́мплексное блю́до [kómplʲikßnʌje blʲúdʌ] Menü
компле́кт [kamplʲékt] Garnitur; Set
кондиционе́р [kʌndʲizyanʲér] Klimaanlage
коне́ц [kanʲéz] Ende
коне́чно [kanʲéschnʌ] *(Adverb: gewiss doch)* natürlich
ко́нсульство [kónßulʲßtwʌ] Konsulat
конта́кт [kantákt] Kontakt
контро́ль [kantrólʲ] Kontrolle
конфе́ты [kanfʲéty] Bonbons; Pralinen
конце́рт [kanzårt] Konzert
ко́пия [kópʲijʌ] Kopie
кора́бль [karáblʲ] Schiff
кори́чневый [karʲítschnʲiwyj] braun
коро́ткий [karótkʲij] kurz
ко́фе [kófʲi] Kaffee
ко́шка [kóschkʌ] Katze
край [kraj] Gegend
кра́йний [krájnʲij] äußerst; Not
кран [kran] Wasserhahn
краси́вый [kraßʲíwyj] schön; hübsch
кра́сный [kráßnyj] rot
красть/укра́сть [kraßʲtʲ/ ukráßʲtʲ] stehlen
кратковре́менный [krʌtkawrʲémʲinnyj] kurzzeitig; vorübergehend
краткосро́чный [krʌtkaßrótschnyj] kurzfristig
креди́тная ка́рточка [krʲidʲítnʌjʌ kártʌtschkʌ] Kreditkarte
крем [krʲém] Creme
кре́сло [krʲéßlʌ] Sessel
крест [krʲéßt] Kreuz
крича́ть/закрича́ть [krʲitschátʲ/sʌkrʲitschátʲ] schreien
крова́ть [krawátʲ] Bett
кровь [krofʲ] Blut
кровяно́е давле́ние [krʌwʲinóje dawlʲénʲije] Blutdruck
кро́ме [krómʲi] *(+ Genitiv)* außer
кро́ме того́ [krómʲi tawó] außerdem
круг [kruk] Kreis
кру́глый [krúglyj] rund
круи́з [kruíß] Kreuzfahrt
кто́-нибудь [któ-nʲibutʲ] *(irgend)*jemand
кузе́н, кузи́на [kusån, kusʲínʌ] Cousin, Cousine
кукуру́за [kukurúsʌ] Mais
культу́ра [kulʲtúrʌ] Kultur
купа́льник [kupálʲnʲik] Badeanzug

купа́льный хала́т [kupálʲnyj chalát] Bademantel
кури́ть/покури́ть [kurʲítʲ/pʌkurʲítʲ] *(Tabak)* rauchen
ку́рс(ы) *[kúrß(y)] Kurs(e)*
ку́ртка [kúrtkʌ] Jacke
куря́щий [kurʲáschtschij] Raucher
куса́ть/укуси́ть [kußátʲ/ ukußʲítʲ] beißen; *(Insekt etc.)* stechen
куса́ться [kußázʌ] *(imperfektiv)* beißen *(bissig sein)*
кусо́к [kußók] *(Teil von etwas)* Stück
ку́хня [kúchnʲʌ] Küche

Л

ла́мпа [lámpʌ] Lampe
лапша́ [lapschá] Nudeln
лёгкий [lʲóchkʲij] *(Adjektiv)* leicht
легко́ [lʲichkó] *(Adverb)* leicht
лёд [lʲót] *(gefrorenes Wasser)* Eis
лежа́ть [lʲishátʲ] *(imperfektiv)* liegen
лека́рство [lʲikárßtwʌ] Medikament
лес [lʲéß] Wald
ле́стница [lʲéßnʲizʌ] Treppe
лета́ть [lʲitátʲ] *(imperfektiv)* fliegen
лете́ть/полете́ть [lʲitʲétʲ/ pʌlʲitʲétʲ] fliegen
ле́то [lʲétʌ] Sommer
лечи́ть/вы́лечить [lʲitschítʲ/wýlʲitschitʲ] *(medizinisch)* behandeln
ли [lʲi] *(Fragepartikel)* ob
лимо́н [lʲimón] Zitrone
лимона́д [lʲimanát] Limonade
ли́нза [lʲínsʌ] Linse
ли́ния [lʲínʲijʌ] Linie
лист [lʲißt] Blatt
литр [lʲitr] Liter
лифт [lʲift] Fahrstuhl
лицо́ [lʲizó] Gesicht; Person
ли́чность [lʲítschnʌßʲtʲ] Person; Persönlichkeit
ли́чные све́дения [lʲítschnyje ßwʲédʲinʲijʌ] Personalien
ли́чный [lʲítschnyj] persönlich
лови́ть/пойма́ть [lawʲítʲ/ pajmátʲ] fangen
ло́дка [lótkʌ] Boot
ложи́ться/лечь [lashýzʌ/ lʲitsch] sich hinlegen
ло́жка [lóschkʌ] Löffel
ло́шадь [lóschʌtʲ] Pferd
луг [luk] Wiese
лук [luk] Zwiebel
луна́ [luná] Mond
лу́чший [lútschyj] besser; bester
лы́жи [lýshy] Ski
льго́та [lʲgótʌ] Ermäßigung
любе́зный [lʲubʲésnyj] liebenswürdig; freundlich; nett
люби́ть [lʲubʲítʲ] *(imperfektiv)* lieben; *(gern)* mögen
любо́вь [lʲubófʲ] Liebe
любопы́тный [lʲubapýtnyj] neugierig
лю́ди [lʲúdʲi] *(Plural)* Menschen; Leute

M

магазин [mʌgasʲín] Geschäft
май [maj] Mai
маленький [málʲinʲkʲij] klein
мало [málʌ] wenig
мальчик [málʲtschik] Junge
март [mart] März
масло [máßlʌ] Öl; Butter
массаж [maßásch] Massage
мастерская [mʌßʲtʲirßkájʌ] Werkstatt
матрас [matráß] Matratze
мать [matʲ] Mutter
машина [maschýnʌ] Maschine; Auto
мебель [mʲébʲilʲ] Möbel
мёд [mʲót] Honig
медленный [mʲédlʲinyj] langsam
между [mʲéshdu] *(+ Instrumental)* zwischen
международный [mʲishdunaródnyj] international
меню [mʲinʲú] Speisekarte
менять/поменять [mʲinʲátʲ/pʌmʲinʲátʲ] (um)tauschen; umbuchen
мёрзнуть/замёрзнуть [mʲórsnutʲ/samʲórsnutʲ] *(ge)*frieren
мероприятие [mʲirʌprʲijátʲije] Veranstaltung
местный [mʲéßnyj] einheimisch
место [mʲéßtʌ] Ort
местожительство [mʲißtashýtʲilʲßtwʌ] Wohnort
месяц [mʲéßʲiz] Monat
метр [mʲétr] Meter
метро [mʲitró] U-Bahn
мешать/помешать [mʲischátʲ/pʌmʲischátʲ] *(+ Dativ)* stören
милый [mʲílyj] lieb
минута [mʲinútʌ] Minute
мир [mʲir] Welt; Friede
младенец [mladʲénʲiz] Baby
мнение (о) [mnʲénʲije (a-…)] *(+ Präpositiv)* Meinung *(über)*
много [mnógʌ] viel
мобильник [mabʲílʲnʲik] Handy
мода [módʌ] Mode
модный [módnyj] modern
может быть [móshyt bytʲ] vielleicht
можно [móshnʌ] *(Dativ + Infinitiv)* dürfen; können
мозг [moßk] Gehirn
мокрый [mókryj] nass
молодой [mʌladój] jung
молоко [mʌlakó] Milch
молоток [mʌlatók] Hammer
момент [mamʲént] Moment
монета [manʲétʌ] Münze
море [mórʲi] Meer
морковь [markófʲ] Karotten
мост [moßt] Brücke
мочь/смочь [motsch/ßmotsch] können
муж [musch] Ehemann
мужчина [muschtschínʌ] Mann
музей [musʲéj] Museum
музыка [músykʌ] Musik
мука [muká] Mehl
мусоросборник [mußʌrasbórnʲik] Mülltonne
мыло [mýlʌ] Seife

RUSSISCH - DEUTSCH
WÖRTERBUCH

мыть/вы́мыть [mytʲ/wýmytʲ] waschen; spülen
мы́ться/вы́мыться [mýzʌ/wýmyzʌ] sich waschen
мясна́я ла́вка [mʲißnájʌ láfkʌ] Metzgerei
мя́со [mjáßʌ] Fleisch
мяч [mʲatsch] *(Spielzeug)* Ball

Н

на [nʌ-…] *(+ Akkusativ)* auf *(drauf)*
на [nʌ-…] *(+ Präpositiv)* auf
на са́мом де́ле [na-ßámʌm dʲélʲi] *(Adverb)* eigentlich
на у́лице [na-úlʲize] *(im Freien)* draußen
наве́рное [nawʲérnʌje] wahrscheinlich
наверху́ [nʌwʲirchú] oben
навигацио́нная систе́ма [nʌwʲigʌzyónnʌjʌ ßʲißʲtʲémʌ] Navigationsgerät
над [nat-…] *(+ Instrumental)* über *(räumlich)*
надева́ть/наде́ть [nʌdʲiwátʲ/nadʲétʲ] *(etwas)* anziehen
наде́яться/понаде́яться [nadʲéjizʌ/pʌnadʲéjizʌ] hoffen
наза́д [nasát] zurück
называ́ться/назва́ться [nʌsywázʌ/naswázʌ] *(Sachen)* heißen
наконе́ц [nʌkanʲéz] *(Adverb)* endlich; zuletzt
нале́во [nalʲéwʌ] links
нали́чные [nalʲítschnyje] Bargeld
направле́ние [nʌprawlʲénʲije] Richtung
напра́во [naprávʌ] rechts
напро́тив [naprótʲif] *(+ Genitiv)* gegenüber
наро́д [narót] Volk
насеко́мое [nʌßʲikómʌje] Insekt
наслажда́ться/наслади́ться [nʌßlashdázʌ/nʌßladʲízʌ] *(+ Instrumental)* genießen
на́сморк [náßmʌrk] Schnupfen
находи́ть/найти́ [nʌchadʲítʲ/najtʲí] finden
находи́ться [nʌchadʲízʌ] *(imperfektiv)* sich befinden
нача́ло [natschálʌ] Anfang
нача́льник [natschálʲnʲik] Chef
начина́ть/нача́ть [nʌtschinátʲ/natschátʲ] anfangen
не [nʲi-…] nicht
не́бо [nʲébʌ] Himmel
нева́жный [nʲiwáshnyj] unwichtig; schlecht
неде́ля [nʲidʲélʲʌ] Woche
некраси́вый [nʲikraßʲíwyj] hässlich
не́кто [nʲéktʌ] jemand *(jemand Bestimmtes)*
некуря́щий [nʲikurʲáschtschij] Nichtraucher
нельзя́ [nʲilʲsʲá] *(Adverb + Infinitiv imperfektiv)* man darf nicht
не́мец, не́мка [nʲémʲiz, nʲémkʌ] Deutsche/r
неме́цкий [nʲimʲézkʲij] deutsch
немно́го [nʲimnógʌ] wenig; ein bisschen
немо́й [nʲimój] stumm

необходи́мый [nʲiʌpchadʲímyj] notwendig

непо́лный пансио́н [nʲipólnyj pʌnßʲión] Halbpension

непра́вильный [nʲipráwʲilʲnyj] falsch *(unrichtig)*

непреме́нно [nʲiprʲimʲénnʌ] *(Adverb)* unbedingt

не́рвный [nʲérwnyj] nervös

не́сколько [nʲéßkʌlʲkʌ] *(+ Genitiv Plural)* einige; ein paar

нет [nʲét] nein; nicht

нет [nʲét] *(+ Genitiv)* es gibt nicht

нигде́ [nʲigdʲé] nirgends

ни́жнее бельё [nʲíshnʲije bʲilʲjó] Unterwäsche

ни́жний [nʲíshnʲij] *(Adjektiv)* unter

ни́зкий [nʲíßkʲij] nieder; niedrig

никако́й [nʲikakój] kein

никогда́ [nʲikagdá] nie

никто́ [nʲiktó] niemand

ничего́ [nʲitschiwó] nichts

но [no] aber

но́вый [nówyj] neu

нога́ [nagá] Bein

нож [nosch] Messer

но́мер [nómʲir] Nummer; Hotelzimmer

норма́льный [narmálʲnyj] normal; gut

нос [noß] Nase

носи́ть [naßʲítʲ] *(imperfektiv)* tragen

носки́ [naßkʲí] Socken

носово́й плато́к [nʌßawój platók] Taschentuch

ноутбу́к [nʌudbúk] Notebook

ночева́ть/переночева́ть [nʌtschiwátʲ/ pʲirʲinʌtschiwátʲ] übernachten

ночле́г [natschlʲék] Unterkunft; Übernachtung

ночно́й клуб [natschnój klup] Nachtklub

ночь [notsch] Nacht

но́чью [nótschju] nachts

ноя́брь [najábrʲ] November

нра́виться/понра́виться [nráwʲizʌ/panráwʲizʌ] *(+ Dativ) (jemandem)* gefallen; *(jemandem)* schmecken

нужда́ться в [nushdázʌ (f- …)] *(+ Präpositiv)* brauchen

ныря́ть/нырну́ть [nyrʲátʲ/ nyrnútʲ] tauchen

ню́хать/поню́хать [nʲúchʌtʲ/panʲúchʌtʲ] *(an etwas)* riechen

О

о [a-…] *(+ Präpositiv)* über; von

о́ба/о́бе [óbʌ/óbʲi] *(m, nt/f)* beide

обе́д [abʲét] Mittagessen

обезжи́ренный [abʲishýrʲinyj] fettarm

обеща́ть [abʲischtschátʲ] *(imperfektiv u. perfektiv)* versprechen

о́блако [óblakʌ] Wolke

обме́н [ʌbmʲén] *(Geld-)* Wechsel

обме́нивать/обменя́ть [ʌbmʲénʲiwʌtʲ/ ʌbmʲinʲátʲ] austauschen; umtauschen

о́браз [óbrʌß] Bild; Art

обслу́живание [apßlúshywʌnʲije] Bedienung
о́бувь [óbufʲ] Schuh
о́бщая цена́ [ópschtschʌjʌ zyná] Pauschalpreis
обще́ственный [apschtschéßtwʲinyj] öffentlich
обы́чный [abýtschnyj] üblich; gewöhnlich
о́вощи [ówʌschtschi] *(Plural)* Gemüse
огнетуши́тель [agnʲituschytʲilʲ] Feuerlöscher
ого́нь [agónʲ] Feuer
огуре́ц [agurʲéz] Gurke
ода́лживать/одолжи́ть [adálshywʌtʲ/adalshýtʲ] *(jemandem)* leihen
одева́ть/оде́ть [adʲiwátʲ/adʲétʲ] anziehen
оде́жда [adʲéshdʌ] Kleidung
оди́н/одна́/одни́ [adʲín/adná/adnʲí] *(m/f/Plural)* ein*(e, -r)*; allein
одина́ковый [adʲinákʌwyj] gleich
одино́кий [adʲinókʲij] einsam
одна́жды [adnáshdy] *(einst)* einmal
ожида́ть [ashydátʲ] *(imperfektiv)* erwarten
о́зеро [ósʲirʌ] See
окно́ [aknó] Fenster
о́коло [ókʌlʌ …] *(+ Genitiv)* neben; *(ungefähr)* um
оконча́тельный [akanʲtschátʲilʲnyj] endgültig
о́корок [ókʌrʌk] Schinken
окруже́ние [akrushǻnʲije] Umgebung
октя́брь [aktʲábrʲ] Oktober
опа́здывать/опозда́ть (на) [apásdywʌtʲ/apasdátʲ (nʌ-…)] *(+ Akkusativ)* zu spät kommen; verpassen
опаса́ться [apaßázʌ] *(imperfektiv + Genitiv)* befürchten
опа́сность [apáßnʌßʲtʲ] Gefahr
опа́сный [apáßnyj] gefährlich
о́пера [ópʲirʌ] Oper
опозда́ние [apasdánʲije] Verspätung
определённый [aprʲidʲilʲónyj] bestimmt
опя́ть [apʲátʲ] wieder
ора́нжевый [aránshywyj] orange
оре́х [arʲéch] Nuss
освеже́ние [aßwʲishǻnʲije] Erfrischung
о́сень [óßʲinʲ] Herbst
осма́тривать/осмотре́ть [aßmátrʲiwʌtʲ/aßmatrʲétʲ] besichtigen
осмо́тр [aßmótr] Untersuchung; Besichtigung
осо́бенный [aßóbʲinyj] besonders
остава́ться/оста́ться [aßtawázʌ/aßtázʌ] bleiben
остано́вка [aßtanófkʌ] Haltestelle; Aufenthalt
оста́тки [aßtátkʲi] *(Plural)* Überreste
Осторо́жно! [aßtaróshnʌ!] Vorsicht!
осторо́жный [aßtaróshnyj] vorsichtig
о́стров [óßtrʌf] Insel
о́стрый [óßtryj] scharf
от [at-…] *(+ Genitiv)* von; ab

ответственный [atw^{j}éztw^{j}innyj] verantwortlich
отвечать/ответить [atw^{j}itschát^j/atw^{j}ét^{j}it^j] *(be)*antworten
отделение [add^{j}il^{j}én^{j}ije] Abteilung; Station
отдых [óddych] Erholung
отдыхать/отдохнуть [addychát^j/addachnút^j] sich ausruhen; sich erholen
отец [at^{j}éz] Vater
откладывать/отложить [atklá dywʌt^j/atlashyt^j] verschieben *(verlegen)*
открывалка [atkrywálkʌ] *(Flaschen-)*Öffner
открывать/открыть [atkrywát^j/atkryt^j] öffnen; entdecken
открытый [atkrytyj] geöffnet; offen
отменять/отменить [atm^{j}in^{j}át^j/atm^{j}in^{j}ít^j] stornieren
отопление [atapl^{j}én^{j}ije] Heizung
отправление [atprawl^{j}én^{j}ije] Abfahrt
отпуск [ótpußk] Urlaub
отъезжать/отъехать *(от)* [atjishshát^j/atjećhʌt^j (at-)] *abfahren (von)*
официальный [af^{j}izyál^{j}nyj] offiziell
официант(ка) [af^{j}izyánt(kʌ)] Kellner(in)
оформление [ʌfarml^{j}én^{j}ije] Abfertigung
охотно [achótnʌ] gern
охрана [achránʌ] Schutz
очаровательный [atschiawát^{j}il^{j}nyj] bezaubernd
очень [ótschin^j] sehr
очередь [ótschir^{j}it^j] Warteschlange
ошибка [aschýpkʌ] Irrtum, Fehler

П

палатка [palátkʌ] Zelt
палец [pál^{j}iz] Finger; Zehe
пальто [pal^{j}tó] *(Kleidung)* Mantel
памятник [pám^{j}itn^{j}ik] Denkmal
пансион [pʌnß^{j}ión] Pension
пара [párʌ] *(+ Genitiv Plural)* Paar
парикмахер [pʌr^{j}ikmách^{j}ir] Friseur
парк [park] Park
пароль [paról^j] Passwort; Geheimzahl
паром [paróm] Fähre
пароход [pʌrachót] Dampfer
парусная лодка [párußnʌjʌ lótkʌ] Segelboot
паспорт [páßpʌrt] *(Reise-)* Pass
паспортный контроль [páßpʌrtnyj kantról^j] Passkontrolle
пассажир(ка) [pʌßashýr(kʌ)] Passagier(in) Fahrgast
Пасха (Христова) [páßchʌ (chr^{j}ißtówʌ)] Ostern
пахнуть [páchnut^j] *(imperfektiv)* riechen
певец, певица [p^{j}iw^{j}éz, p^{j}iw^{j}ízʌ] Sänger, Sängerin
пейзаж [p^{j}ijsásch] Landschaft
пена [p^{j}énʌ] Schaum
первый [p^{j}érwyj] erster

перебива́ть/переби́ть [pʲirʲibʲiwátʲ/pʲirʲibʲítʲ] unterbrechen
перева́л [pʲirʲiwál] Gebirgspass
перево́д [pʲirʲiwót] Übersetzung; Überweisung
перевя́зывать/перевяза́ть [pʲirʲiwʲásywʌtʲ/pʲirʲiwʲisátʲ] *(Verletzung)* verbinden
передвижно́й буфе́т [pʲirʲidwʲishnój bufʲét] *(Eisenbahn)* Minibar
перекрёсток [pʲirʲikrʲóßtʌk] Kreuzung
переме́на [pʲirʲimʲénʌ] Wechsel
переме́нчивый [pʲirʲimʲénʲtschiwyj] wechselhaft
переодева́ться/переоде́ться [pʲirʲiʌdʲiwázʌ/pʲirʲiadʲézʌ] sich umziehen
переправля́ть (ся)/перепра́вить(ся) (через) [pʲirʲiprawlʲátʲ(ßʲʌ)/pʲirʲipráwʲitʲ(ßʲʌ) (tschirʲiß…)] *(+ Akkusativ)* übersetzen *(über Fluss)*
переры́в [pʲirʲirýf] Pause
переса́дка [pʲirʲißátkʌ] Anschluss; Umsteigen
перестава́ть/переста́ть [pʲirʲißtawátʲ/pʲirʲißtátʲ] aufhören
переу́лок [pʲirʲiúlʌk] Gasse
пе́рец [pʲérʲiz] Pfeffer; Paprika
перочи́нный но́жик [pʲiratschínnyj nóshyk] Taschenmesser
перро́н [pʲirón] Bahnsteig
перча́тки [pʲirtschátkʲi] Handschuhe
пе́сня [pʲéßnʲʌ] Lied
песо́к [pʲißók] Sand
пёстрый [pʲóßtryj] bunt
петь/спеть [pʲetʲ/ßpʲetʲ] singen
печа́льный [pʲitschálʲnyj] traurig
пе́чень [pʲétschinʲ] Leber
пече́нье [pʲitschénʲje] Gebäck; Kekse
пешехо́д [pʲischychót] Fußgänger(in)
пешехо́дная зо́на [pʲischychódnʌjʌ sónʌ] Fußgängerzone
пеще́ра [pʲischtschérʌ] Höhle
пивна́я [pʲiwnájʌ] Kneipe
пи́во [pʲíwʌ] Bier
пило́т [pʲilót] Pilot
пинце́т [pʲinzét] Pinzette
пиро́г [pʲirók] Kuchen
писа́ть/написа́ть [pʲißátʲ/nʌpʲißátʲ] schreiben
пи́сьменный [pʲíßʲmʲinyj] schriftlich
письмо́ [pʲißʲmó] Brief
пить/вы́пить [pʲitʲ/wýpʲitʲ] trinken
пла́вать [pláwʌtʲ] *(imperfektiv)* schwimmen
пла́вки [pláfkʲi] *(Plural)* Badehose
пла́кать [plákʌtʲ] *(imperfektiv)* weinen
план го́рода [plan górʌdʌ] Stadtplan
планери́зм [plʌnʲirʲísm] Segelfliegen
пла́стика [pláßʲtʲikʌ] Plastik
пла́стырь [pláßtyrʲ] Pflaster
пла́та [plátʌ] Gebühr
платёж [platʲósch] Zahlung

плати́ть/заплати́ть [plat^{j}ít^j/sʌplat^{j}ít^j] (be)zahlen

плато́к [platók] *(Taschen-)* Tuch

пла́тье [plát^{j}je] Kleid

плёнка [pl^{j}onkʌ] *(Foto)* Film

плечо́ [pl^{j}itschó] Schulter

плита́ [pl^{j}itá] Herd

плове́ц, пловчи́ха [plaw^{j}éz, plaftschíchʌ] Schwimmer, Schwimmerin

пло́ский [plóßk^{j}ij] *(platt)* flach

плохо́й [plachój] schlecht

пло́щадь [plóschtschʌt^j] Platz

плыть/поплы́ть [plyt^j/paplyt^j] schwimmen

пляж [pl^{j}asch] Strand

по [pʌ-…] *(+ Dativ)* durch

по́вар, повари́ха [pówʌr, pʌwar^{j}íchʌ] Koch, Köchin

повора́чивать/поверну́ть [pʌwarátschiwʌt^j/pʌw^{j}irnút^j] abbiegen; umkehren

поворо́т [pʌwarót] Kurve

поврежда́ть/повреди́ть [pʌwr^{j}ishdát^j/pʌwr^{j}id^{j}ít^j] beschädigen

поврежде́ние [pʌwr^{j}ishd^{j}én^{j}ije] Beschädigung; Schaden

повторя́ть/повтори́ть [pʌftar^{j}át^j/pʌftar^{j}ít^j] wiederholen

под [pʌt-…] *(+ Instrumental)* unter; unterhalb

по́длинный [pódl^{j}inyj] original; echt

подпи́сывать/подписа́ть [patp^{j}íßywʌt^j/pʌtp^{j}ißát^j] unterschreiben

по́дпись [pótp^{j}iß^j] Unterschrift

подру́га [padrúgʌ] Freundin

по-друго́му [pʌ-drugómu] anders

подтвержда́ть/подтверди́ть [pʌtw^{j}irshdát^j/pʌtw^{j}ird^{j}ít^j] bestätigen

поду́шка [padúschkʌ] Kissen

подходи́ть/подойти́ [pʌtchad^{j}ít^j/pʌdajt^{j}í] passen; herankommen

подъёмник [padjómn^{j}ik] Fahrstuhl; Seilbahn

по́езд [pójißt] Zug

пое́здка [pajéstkʌ] Reise; Tour

позади́ [pʌsad^{j}í] hinten

позади́ [pʌsad^{j}í] *(+ Genitiv)* hinter

по́здний [pósn^{j}ij] spät

поздравле́ние [pʌsdrawl^{j}én^{j}ije] Glückwunsch

поздравля́ть/поздра́вить (с) [pʌsdrawl^{j}át^j/pasdráw^{j}it^j … (ß-)…] *(+ Akkusativ/+ Instrumental)* jemandem gratulieren *(zu …)*

по́зже [póshshy] später

пока́зывать/показа́ть [pakásywʌt^j/pʌkasát^j] zeigen

покида́ть/поки́нуть [pʌk^{j}idát^j/pak^{j}ínut^j] verlassen

покры́шка [pakrýschkʌ] Überzug; *(Reifen)* Mantel

покупа́тель *(-ница)* [pʌkupát^{j}il^j, -n^{j}izʌ] Kunde *(Kundin)*

покупа́ть/купи́ть [pʌkupát^j/kup^{j}ít^j] *(ein)kaufen*

пол [pól] Fußboden

полага́ть [pʌlagátʲ] *(imperfektiv)* meinen
полага́ться/положи́ться (на) [pʌlagázʌ/pʌlashýzʌ (nʌ-)…] *(+ Akkusativ)* sich verlassen auf
по́лдень [póldʲinʲ] Mittag
по́ле [pólʲi] Feld
полёт [palʲót] Flug
поли́ция [palʲízyjʌ] Polizei
по́лный [pólnyj] voll
полови́на [pʌlawʲínʌ] Hälfte
полови́нный [pʌlawʲínnyj] halb
положе́ние [pʌlashắnʲije] Lage
полоте́нце [pʌlatʲắnze] Handtuch
полупансио́н [pólupʌnßʲión] Halbpension
получа́тель [pʌlutschátʲilʲ] Empfänger
получа́ть/получи́ть [pʌlutschátʲ/pʌlutschítʲ] bekommen; erhalten
помеща́ться/помести́ться [pʌmʲischtscházʌ/pʌmʲißʲtʲízʌ] (hinein)passen
помеще́ние [pʌmʲischtschénʲije] Raum
помидо́р [pʌmʲidór] Tomate
по́мнить/вспо́мнить [pómnʲitʲ/fßpómnʲitʲ] *(+ Akkusativ)* sich erinnern
помога́ть/помо́чь [pʌmagátʲ/pamótsch] helfen
помоги́те! [pʌmagʲítʲi!] Hilfe!
по́мощь [pómʌschtsch] Hilfe
понеде́льник [pʌnʲidʲélʲnʲik] Montag
понима́ть/поня́ть [pʌnʲimátʲ/panʲátʲ] verstehen
попада́ть/попа́сть (в) [pʌpadátʲ/papáßʲtʲ (f-…)] *(+ Akkusativ)* *(hin)geraten* treffen *(das Ziel)*
порт [port] Hafen
портно́й, портни́ха[partnój, partnʲíchʌ] Schneider, Schneiderin
портье́ [partʲjé] Portier
по́рция [pórzyjʌ] Portion
поса́дка [paßátkʌ] Einsteigen; Boarding
поса́дочный тало́н [paßádʌtschnyj talón] Bordkarte
посеща́ть/посети́ть [pʌßʲischtschátʲ/pʌßʲitʲítʲ] besuchen
посеще́ние [pʌßʲischtschénʲije] Besuch
по́сле [póßlʲi …] *(+ Genitiv)* nach
после́дний [paßlʲédnʲij] letzter
послеза́втра [pʌßlʲisáftrʌ] übermorgen
посо́льство [paßólʲßtwʌ] Botschaft *(diplomat. Vertretung)*
посте́льное бельё [paßʲtʲélʲnʌje bʲilʲjó] Bettwäsche
посу́да [paßúdʌ] Geschirr
посыла́ть/посла́ть [pʌßylátʲ/paßlátʲ] schicken
посы́лка [paßýlkʌ] Paket
поте́ть/вспоте́ть [patʲétʲ/fßpatʲétʲ] schwitzen

потоло́к [pʌtalók] *(Architektur)* Decke

пото́м [patóm] danach

потому́ что [pʌtamú schto] weil

поцелу́й [pʌzylúj] Kuss

почти́ [patschtʲí] fast

почто́вая ма́рка [patschtówʌjʌ márkʌ] Briefmarke

почто́вый [patschtówyj] Post-

по́шлина [póschlʲinʌ] Zoll *(Abgabe)*

поэ̊тому [paåtʌmu] deshalb

по́яс [pójiß] Gürtel

пра́вильный [práwʲilʲnyj] richtig

прави́тельство [prawʲítʲilʲßtwʌ] Regierung

пра́вый [práwyj] rechter

пра́здник [prásnʲik] Fest

практи́ческий [praktʲítschißkʲij] praktisch

пра́чечная [prátschitschnʌjʌ] Wäscherei

пребыва́ть *(в)* [prʲibywátʲ (f-…)] *(+ Präpositiv)* sich aufhalten *(in)*

предвари́тельно [prʲidwarʲítʲilʲnʌ] im Voraus

предложе́ние [prʲidlashånʲije] Satz; Vorschlag

предме́т [prʲidmʲét] Gegenstand

предписа́ние [prʲitpʲißánʲije] Vorschrift

пре́жде всего́ [prʲéshdʲi fßʲiwó] vor allem

пре́жде чем [prʲéshdʲe tschem] bevor

презервати́в [prʲisʲirwatʲíf] Kondom

преступле́ние [prʲißtuplʲénʲije] Verbrechen

приблизи́тельно [prʲiblʲisʲítʲilʲnʌ] etwa *(ungefähr)*

прибо́р [prʲibór] Besteck; Gedeck

прибыва́ть/прибы́ть [prʲibywátʲ/prʲibýtʲ] ankommen

при́быль [prʲíbylʲ] Gewinn

прибы́тие [prʲibýtʲije] Ankunft

приве́тствовать [prʲiwʲéztwʌwʌtʲ] *(imperfektiv u. perfektiv)* *(jemanden)* (be)grüßen

приви́вка [prʲiwʲífkʌ] Impfung

приглаша́ть/пригласи́ть [prʲiglaschátʲ/prʲiglaßʲítʲ] einladen

при́город [prʲígʌrʌt] Vorort

приготовля́ть/пригото́вить [prʲigʌtawlʲátʲ/prʲigatówʲitʲ] zubereiten

приезжа́ть/прие́хать [prʲijishshátʲ/prʲijechʌtʲ] *(fahrend)* kommen

прие́зжий [prʲijéshshyj] *(zugereist)* fremd

приземле́ние [prʲisʲimlʲénʲije] Landung

прилета́ть/прилете́ть [prʲilʲitátʲ/prʲilʲitʲétʲ] *(per Flugzeug)* kommen

приме́р [prʲimʲér] Beispiel

приме́рный [prʲimʲérnyj] ungefähr

принадлежа́ть [prʲinʌdlʲishátʲ] *(imperfektiv + Dativ)* gehören

принима́ть/приня́ть [prʲinʲimátʲ/prʲinʲátʲ] empfangen

приноси́ть/принести́ [prʲinaßítʲ/prʲinʲißʲtʲí] (mit)bringen

приро́да [prʲiródʌ] *(Umwelt)* Natur

присма́тривать/присмотре́ть (за) [prʲißmátrʲiwʌtʲ/prʲißmatrʲétʲ (sa-…)] *(+ Instrumental)* aufpassen *(auf)*

приспосо́бленный для инвали́дов [prʲißpaßóblʲinyj dlʲi-inwalʲídʌf] behindertengerecht

пристава́ть/приста́ть (к) [prʲißtawátʲ/prʲißtátʲ (k-…)] *(+ Dativ)* belästigen

приходи́ть/прийти́ [prʲichadʲítʲ/prʲijtʲí] *(zu Fuß)* kommen

прича́ливать/прича́лить (в) [prʲitschálʲiwʌtʲ/prʲitschálʲitʲ (f-…)] *(+ Präpositiv)* anlegen *(in)* *(per Schiff)*

причёска [prʲitschóßkʌ] Frisur

причёсывать/причеса́ть [prʲitschóßywʌtʲ/prʲitschißátʲ] kämmen

причи́на [prʲitschínʌ] Grund

причиня́ть/причини́ть [prʲitschinʲátʲ/prʲitschinʲítʲ] verursachen

прище́пка [prʲischtschépka] Wäscheklammer

прия́тный [prʲijátnyj] angenehm

про́бка [própkʌ] *(Verkehr)* Stau; *(Flasche)* Korken

пробле́ма [prablʲémʌ] Problem

про́бовать/попро́бовать [próbʌwʌtʲ/papróbʌwʌtʲ] probieren; kosten

прове́рка [prawʲérkʌ] Kontrolle

проверя́ть/прове́рить [prʌwʲirʲátʲ/prawʲérʲitʲ] kontrollieren

провожа́ть/проводи́ть [prʌwashátʲ/prʌwadʲítʲ] begleiten; verabschieden

програ́мма [pragrámʌ] Programm

прогу́лка [pragúlkʌ] Spaziergang

продава́ть/прода́ть [prʌdawátʲ/pradátʲ] verkaufen

прода́жа [pradáshʌ] Verkauf

продово́льствие [prʌdawólʲßtwʲije] Verpflegung

продолжа́ть/продо́лжить [prʌdalshátʲ/pradólshytʲ] fortsetzen; verlängern

продолжа́ться/продо́лжиться [prʌdalsházʌ/pradólshyzʌ] dauern

проду́кт [pradúkt] Produkt

проду́кты [pradúkty] *(Plural)* Lebensmittel

прое́зд [prajéßt] Fahrt; Durchreise

проездно́й биле́т [prʌjisnój bʲilʲét] Fahrkarte; Fahrschein

прозра́чный [prasrátschnyj] durchsichtig

произве́дение [prʌiswʲidʲénʲije] Produkt; Werk

промежу́точная поса́дка [prʌmʲishútʌtschnʌjʌ paßátkʌ] Zwischenlandung

пропуска́ть/пропусти́ть [prʌpußkátʲ/prʌpußʲtʲítʲ] verpassen

проси́ть/попроси́ть (у) [praßʲítʲ/pʌpraßʲítʲ (u-…)] *(+ Genitiv + Akkusativ)* bitten *(jemanden um etwas)*

просто́й [praßtój] einfach

просту́да [praßtúdʌ] Erkältung

просыпа́ться/просну́ться [prʌßypázʌ/praßnúzʌ] aufwachen

про́сьба [prósʲbʌ] Bitte

про́тив [prótʲif-…] *(+ Genitiv)* gegen

противозача́точное [prʌtʲiwʌsatschátʌ tschnʌje] Verhütungsmittel

профе́ссия [prafʲéßʲijʌ] Beruf

прохла́дный [prachládnyj] kühl

проце́нт [prazä́nt] Prozent

прочь [protsch] weg

про́шлое (вре́мя) [próschlʌje (wrʲémʲʌ)] Vergangenheit

проща́ться/прости́ться (с) [praschtscházʌ/ praßʲtʲízʌ (ß…)] *(+ Instrumental)* sich verabschieden

пря́мо [prʲámʌ] geradeaus

прямо́й [prʲimój] direkt; *(nicht gekrümmt)* gerade

пря́ность [prʲánʌßʲtʲ] Gewürz

пти́ца [ptʲízʌ] Vogel

пуло́вер [pulówʲir] Pullover

пунктуа́льный [punktuálʲnyj] pünktlich

пусто́й [pußtój] leer

путеводи́тель [putʲiwadʲítʲilʲ] Reiseführer

путеше́ствовать/попутеше́ствовать [putʲischä́ßtwʌwʌtʲ/ pʌputʲischä́ßtwʌwʌtʲ] reisen

путь [putʲ] Weg; Gleis

пчела́ [ptschilá] Biene

пыта́ться/попыта́ться [pytázʌ/pʌpytázʌ] *(sich bemühen)* versuchen

пя́тница [pʲátnʲizʌ] Freitag

пятно́ [pʲitnó] Fleck

Р

рабо́та [rabótʌ] Arbeit

рабо́тать [rabótʌtʲ] *(imperfektiv)* arbeiten; funktionieren

ра́вный [ráwnyj] gleich

ра́дио [rádʲiʌ] Radio

ра́доваться/обра́доваться [rádʌwʌzʌ/abrádʌwʌzʌ] *(+ Dativ)* sich freuen *(über)*

раз [raß] einmal

разме́р [rasmʲér] Größe

ра́ковина [rákʌwʲinʌ] Waschbecken

ра́на [ránʌ] Wunde

ране́ние [ranʲénʲije] Verletzung

ра́нить/пора́нить [ránʲitʲ/ paránʲitʲ] verletzen

ра́но [ránʌ] früh

расписа́ние [rʌßpʲißánʲije] Fahrplan

расска́зывать/рассказа́ть [raßkásywʌtʲ/rʌßkasátʲ] erzählen

расстоя́ние [rʌßtajánʲije] Entfernung

расте́ние [raßʲtʲénʲije] Pflanze

расхо́ды [raßchódy] Verbrauch; Kosten

расчёска [raschtschóßkʌ] Kamm

ребёнок [rʲibʲónʌk] Kind

ревю́ [rʲiwʲú] Revue; Show

регио́н [rʲigʲión] Region

регистра́ция [rʲigʲißtrázyjʌ] Anmeldung

регистри́ровать(ся)/ зарегистри́ровать(ся) [rʲigʲißtrʲírʌwʌtʲ(ßʲʌ)/ sʌrʲigʲißtrʲírʌwʌtʲ(ßʲʌ)] *(sich)* anmelden; einchecken

регуля́рный [rʲigulʲárnyj] regelmäßig

ре́дкий [rʲétkʲij] selten

рези́новый [rʲisʲínʌwyj] aus Gummi

река́ [rʲiká] Fluss

реклами́ровать [rʲiklamʲírʌwʌtʲ] *(imperfektiv u. perfektiv)* reklamieren

религия [rʲilʲígʲijʌ] Religion

реме́нь безопа́сности [rʲimʲénʲ bʲisapáßnʌßʲtʲi] Sicherheitsgurt

ремо́нт [rʲimónt] Reparatur

ремонти́ровать/ отремонти́ровать [rʲimantʲírʌwʌtʲ/ atrʲimantʲírʌwʌtʲ] reparieren

репертуа́р [rʲipʲirtuár] Spielplan

реце́пт [rʲizépt] Rezept

реша́ть/реши́ть [rʲischátʲ/ rʲischýtʲ] entscheiden; lösen

реше́ние [rʲischátʲ/ rʲischýtʲ] Entscheidung; Lösung

рис [rʲiß] Reis

рисова́ть/нарисова́ть [rʲißawátʲ/nʌrʲißawátʲ] zeichnen; malen

ро́вный [równyj] flach *(eben)*

ро́дина [ródʲinʌ] Heimat

родители [radʲítʲilʲi] *(Plural)* Eltern

ро́дственный [róztwʲinyj] verwandt

рожде́ние [rashdʲénʲije] Geburt

Рождество́ Христо́во [rʌshdʲißtwó chrʲißtówʌ] Weihnachten

розе́тка [rasʲétkʌ] Steckdose

ро́зовый [rósʌwyj] rosa

рок [rok] Rock*(musik)*

рот [rot] Mund

руба́шка [rubáschkʌ] Hemd

рука́ [ruká] Arm

ру́чка [rútschkʌ] Kugelschreiber

рыба [rýbʌ] Fisch

рынок [rýnʌk] Markt

рюкза́к [rʲugsák] Rucksack

ря́дом с [rʲádʌm ß-…] *(+ Instrumental)* neben

С

с [ß-…] *(+ Genitiv)* seit; ab; von

с [ß-…] *(+ Instrumental)* mit

сад [ßat] Garten

садиться/сесть [ßad^jízʌ/ß^jeß^jt^j] einsteigen
салат [ßalát] Salat
салфетка [ßalf^jétkʌ] Serviette
сам/сама/само/сами [ßam/ßamá/ßamó/ßám^ji] *(m/f/nt/Plural)* selbst
самообслуживание [ßʌmʌapßlúshywʌn^jije] Selbstbedienung
сандалии [ßandál^jii] Sandalen
сантиметр [ßʌnt^jim^jétr] Zentimeter
сапоги [ßʌpag^jí] Stiefel
сауна [ßáunʌ] Sauna
сахар [ßáchʌr] Zucker
сахарозаменитель [ßʌchʌrʌsʌm^jin^jít^jil^j] Süßstoff
сбиваться/сбиться с дороги [sb^jiwázʌ/sb^jízʌ s-daróg^ji] sich verirren
сбор(ы) [sbór(y)] Gebühr*(en)*
свадьба [ßwád^jbʌ] Hochzeit
свежий [ßw^jéshyj] frisch
сверх [ßw^jérch] *(+ Genitiv)* über; extra
свет [ßw^jét] Licht; Welt
светлый [ßw^jétlyj] hell
свидетельство [ßw^jid^jét^jil^jßtwʌ] Bescheinigung
свитер [ßw^jítyr] Pullover
свободный [ßwabódnyj] frei
связывать/связать [ßw^jasywʌt^j/ßw^jisát^j] verbinden
связь [ßw^jaß^j] Verbindung; Kontakt
сдавать/сдать напрокат [sdawát^j/sdat^j nʌprakát] vermieten
сеанс [ß^jiánß] *(Kino)* Vorstellung
север [ß^jéw^jir] Norden
сегодня (утром/вечером) [ß^jiwódn^jʌ (útrʌm/w^jétschirʌm)] heute *(früh/Abend)*
сезон [ß^jisón] Jahreszeit; Saison
сейф [ß^jejf] Safe
сейчас [ß^jijtscháß] jetzt; sofort
секунда [ß^jikúndʌ] Sekunde
село [ß^jiló] Dorf
семья [ß^jim^jjá] Familie
сентябрь [ß^jint^jábr^j] September
сервировать [ß^jirw^jirawát^j] *(imperfektiv u. perfektiv)* servieren
сердце [ß^jérzy] Herz
серебро [ß^jir^jibró] Silber
середина [ß^jir^jid^jínʌ] Mitte
серый [ß^jéryj] grau
серьги [ß^jér^jg^ji] Ohrringe
серьёзный [ß^jir^jjósnyj] ernst
сестра [ß^jißtrá] Schwester
сигарета [ß^jigar^jétʌ] Zigarette
сиденье [ß^jid^jén^jje] Sitz
сидеть [ß^jid^jét^j] sitzen
сильный [ß^jíl^jnyj] stark
симпатичный [ß^jimpat^jítschnyj] sympathisch
синий [ß^jín^jij] blau
скидка [ßk^jítkʌ] Rabatt
скоро [ßkórʌ] bald
скучный [ßkútschnyj] langweilig
слабый [ßlábyj] schwach
сладкий [ßlátk^jij] süß
сладости [ßládʌß^jt^ji] *(Plural)* Süßigkeiten

следующий [ßl^{j}édujuschtschij] nächst*(folgend)*
слово [ßlówʌ] Wort
служба [ßlúshbʌ] Dienst
случайный [ßlutschájnyj] zufällig
слушать/послушать [ßlúschʌt^j/paßlúschʌt^j] *(+ Akkusativ)* hören; *(jemandem)* zuhören
слышать/услышать [ßlyschʌt^j/ußlyschʌt^j] hören; vernehmen
смартфон [ßmartfón] Smartphone
смеяться/посмеяться (над) [ßm^{j}ijázʌ/pʌßm^{j}ijázʌ (nat-…)] *(+ Instrumental)* lachen *(über)*
смотреть/посмотреть [ßmatr^{j}ét^j/pʌßmatr^{j}ét^j] ansehen; zuschauen
смузи [ßmús^{j}i] Smoothie
снаружи [ßnarúshy] außen; draußen
сначала [ßnatschálʌ] zuerst
снег [ßn^{j}ék] Schnee
снимать/снять [ßn^{j}imát^j/ßn^{j}at^j] *(Telefon)* *abnehmen; (Wohnung)* mieten
снимок [ßn^{j}ímʌk] Foto
собака [ßabákʌ] Hund
совет [ßaw^{j}ét] Rat; Tipp
советовать/посоветовать [ßaw^{j}étʌwʌt^j/pʌßaw^{j}étʌwʌt^j] empfehlen
совместный [ßawm^{j}éßnyj] gemeinsam
совсем [ßafß^{j}ém] *(Adverb)* ganz
сожалеть [ßʌshyl^{j}ét^j] *(imperfektiv)* bedauern
сознание [ßasnán^{j}ije] Bewusstsein
сок [ßok] Saft
солнце [ßónze] Sonne
соль [ßol^j] Salz
солярий [ßal^{j}ár^{j}ij] Solarium
сон [ßon] Traum
сообщение [ßʌapschtschén^{j}ije] Mitteilung
соответствующий [ßʌatw^{j}éztwuju schtschij] *(verantwortlich)* zuständig; entsprechend
сопровождать/сопроводить [ßʌprʌwashdát^j/ßʌprʌwad^{j}ít^j] begleiten
сосед(ка) [ßaß^{j}ét, -kʌ] Nachbar(in)
состоять (из) [ßʌßtaját^j (iß- …)] *(imperfektiv/+ Genitiv)* bestehen *(aus)*
состояться [ßʌßtajázʌ] *(perfektiv)* stattfinden
сотовый телефон [ßótʌwyj t^{j}il^{j}ifón] Mobiltelefon
соус [ßóuß] Soße; Dressing
сохнуть/высохнуть [ßóchnut^j/wýßʌchnut^j] *(trocken werden)* trocknen
спальня [ßpál^{j}n^{j}i] Schlafzimmer
спать [ßpat^j] *(imperfektiv)* schlafen
спектакль [ßp^{j}iktákl^j] *(m)* Vorstellung *(Theater)*
сперва [ßp^{j}irwá] *(zuerst)* erst
специальность [ßp^{j}izyál^{j}nʌß^{j}t^j] Beruf
специальный [ßp^{j}izyál^{j}nyj] speziell
специя [ßp^{j}ézyjʌ] Gewürz

спéшный [ßpʲéschnyj] eilig
спинá [ßpʲiná] Rücken
спокóйно [ßpakójnʌ] ruhig
спокóйствие [ßpakójßtwʲije] Ruhe
спорт [ßport] Sport
спортúвная площáдка [ßpartʲíwnʌjʌ plaschtschátkʌ] Sportplatz
спортúвный [ßpartʲíwnyj] sportlich; Sport
спóсоб [ßpóßʌp] Art; Weise
спрáвка [ßpráfkʌ] Auskunft; Zeugnis
спрáшивать/спросúть [ßpráschywʌtʲ/ßpraßʲítʲ] fragen
средá [ßrʲidá] Umwelt; Mittwoch
срéдний [ßrʲédnʲij] *(Adjektiv)* mittel; durchschnittlich
срéдство (от) [ßrʲéztwʌ ʌt-…] *(+ Genitiv)* Mittel *(gegen)*
стáвить/постáвить машúну [ßtáwʲitʲ/paßtáwʲitʲ maschýnu] parken
стакáн [ßtakán] Glas; Wasserglas
становúться/стать [ßtʌnawʲízʌ/ßtatʲ] werden
старáться/постарáться [ßtarázʌ/pʌßtarázʌ] sich bemühen
стáрый [ßtáryj] alt
стеклó [ßʲtʲikló] Glas; Scheibe
стенá [ßʲtʲiná] Wand; Mauer
стирáть/вы́стирать [ßʲtʲirátʲ/wýßʲtʲirʌtʲ] *(Wäsche)* waschen
стóимость [ßtóimʌßʲtʲ] Preis; Wert; Kosten
стóить [ßtóitʲ] *(imperfektiv)* kosten
стой! [ßtoj!] halt!
стол [ßtol] Tisch
столб [ßtolp] Säule
столéтие [ßtalʲétʲije] Jahrhundert
сторонá [ßtʌraná] Seite
стоя́нка [ßtajánkʌ] Parkplatz; Rastplatz; Raststätte
стоя́ть [ßtajátʲ] *(imperfektiv)* stehen
странá [ßtraná] Land
страни́ца [ßtranʲízʌ] *(Buch)* Seite
страховáние [ßtrʌchawánʲije] Versicherung
страхóвка [ßtrachófkʌ] Versicherung
стрóйный [ßtrójnyj] schlank
ступéнь [ßtupʲénʲ] Stufe
ступня́ [ßtupnʲá] Fuß
суббóта [ßubótʌ] Samstag
суд [ßut] Gericht
сýдно [ßúdnʌ] Gefäß; Schiff
сýмка [ßúmkʌ] Tasche
сýмочка [ßúmʌtschkʌ] Handtasche
суп [ßup] Suppe
супермáркет [ßupʲirmárkʲit] Supermarkt
сухóй [ßuchój] trocken
суши́ть/вы́сушить [ßuschýtʲ/wýßuschytʲ] *(trocken machen)* trocknen
схéма гóрода [ßchʲémʌ górʌdʌ] Stadtplan
счастли́вый [schtschißlʲíwyj] glücklich
счáстье [schtscháßʲtʲje] Glück

счёт [schtschot] Rechnung; Konto
считать/сосчитать [schtschitátʲ/ ßʌschtschitátʲ] zählen
съезд [ßjéßt] Abfahrt
сын [ßyn] Sohn
сыр [ßyr] Käse
сытый [ßýtyj] satt

T

табак [tabák] Tabak
таблетка (от) [tablʲétkʌ (ʌt-…)] *(+ Genitiv)* Tablette *(gegen)*
так как [tak kak] weil; da
там [tam] dort
таможня [tamóshnʲʌ] Zoll *(Behörde)*
танцевать/потанцевать [tʌnzewátʲ/pʌtʌnzewátʲ] tanzen
тарелка [tarʲélkʌ] Teller
театр [tʲiátr] Theater
тебе [tʲibʲé] dir
телевизор [tʲilʲiwʲísʌr] Fernseher
телефон [tʲilʲifón] Telefon
телефонировать [tʲilʲifanʲírʌwʌtʲ] *(imperfektiv u. perfektiv)* telefonieren
тело [tʲélʌ] Körper
тёмный [tʲómnyj] dunkel
теннис [tǟnʲiß] Tennis
тень [tʲenʲ] Schatten
тёплый [tʲóplyj] warm
терраса [tʲiráßʌ] Terrasse
терять/потерять [tʲirʲátʲ/ pʌtʲirʲátʲ] verlieren
тихий [tʲíchʲij] still; ruhig; leise
тишина [tʲischyná] Stille; Ruhe
то же самое [to shä ßámʌje] dasselbe
товар [tawár] Ware; Gut
тогда [tagdá] damals; dann
тоже [tóshä] auch
ток [tok] Strom *(elektrischer)*
толстый [tólßtyj] dick
только [tólʲkʌ] nur
тонкий [tónkʲij] dünn
торопиться/поторопиться [tʌrapʲízʌ/pʌtʌrapʲízʌ] sich beeilen
тост [toßt] *(Trinkspruch)* Toast
точный [tótschnyj] genau; pünktlich
трамвай [tramwáj] Straßenbahn
транспорт [tránßpʌrt] Transport; Verkehrsmittel
трапеза [trápʲisʌ] Mahlzeit
трезвый [trʲéswyj] nüchtern
трейлер [trǟjlʲir] Anhänger; Wohnwagen
тропа [trapá] Pfad; Weg
трудный [trúdnyj] schwierig; schwer
трусики [trúßʲikʲi] *(Plural)* Slip
туалет [tualʲét] Toilette
туалетная бумага [tualʲétnʌjʌ bumágʌ] Toilettenpapier
турагентство [turagʲénztwʌ] Reisebüro
турист(ка) [turʲíßt, -ka] Tourist(in)
туристический [turʲißtʲítschißkʲij] touristisch; Reise-
туристическое информационное бюро [turʲißtʲítschʲißkʌje

infʌrmʌzyónʌje bʲuró] Fremdenverkehrsamt
тяжело́ [tʲishyló] *(Adverb)* schwer
тяжёлый [tʲishólyj] *(Adjektiv)* schwer
тяну́ть/потяну́ть [tʲinútʲ/pʌtʲinútʲ] ziehen

У

у [u-…] *(+ Genitiv)* bei
уве́ренный [uwʲérʲinyj] *(gewiss)* sicher
удлиня́ть/удлини́ть [udlʲinʲátʲ/udlʲinʲítʲ] verlängern
удо́бный [udóbnyj] bequem
удостовере́ние [udʌßtʌwʲirʲénʲije] Ausweis
уезжа́ть/уе́хать (в) [ujisshátʲ/ujéchʌtʲ (f-…)] *(+ Akkusativ)* abreisen *(nach)*
уже́ [ushǻ] bereits; schon
у́жин [úshyn] Abendessen
у́зкий [úßkʲij] schmal; eng
ука́зывать/указа́ть [ukásywʌtʲ/ukasátʲ] *(hinweisen)* zeigen
украше́ние [ukraschǻnʲije] Schmuck
у́ксус [úkßuß] Essig
у́лица [úlʲizʌ] Straße *(in der Stadt)*
уме́ть/суме́ть [umʲétʲ/ßumʲétʲ] können *(Fähigkeit besitzen)*
универма́г [unʲiwʲirmák] Kaufhaus
университе́т [unʲiwʲirßʲitʲét] Universität
упако́вывать/упакова́ть [upakówywʌtʲ/upʌkawátʲ] einpacken
употреби́тельный [upʌtrʲibʲítʲilʲnyj] gebräuchlich
употребля́ть/употреби́ть [upʌtrʲiblʲátʲ/upʌtrʲibʲítʲ] benutzen
уса́дьба [ußádʲbʌ] *(Gut)* Hof
услу́га [ußlúgʌ] Dienst; Dienstleistung
успока́иваться/успоко́иться [ußpakáiwʌzʌ/ußpakóizʌ] sich beruhigen
у́тро [útrʌ] Morgen
у́хо [úchʌ] Ohr
ухо́д [uchót] Pflege; Betreuung
уходи́ть/уйти́ [uchadʲítʲ/ujtʲí] weggehen
учи́ться/научи́ться [utschízʌ/nʌutschízʌ] *(+ Dativ od. Infinitiv)* lernen; studieren
учрежде́ние [utschrʲishdʲénʲije] Behörde; Amt
уще́рб [uschtschérp] Schaden
ую́тный [ujútnyj] gemütlich

Ф

фальши́вый [falʲschýwyj] falsch *(unecht)*
фами́лия [famʲílʲijʌ] Familienname
фасо́ль [faßólʲ] Bohnen
февра́ль [fʲiwrálʲ] Februar
фен [fʲen] Föhn
фестива́ль [fʲißʲtʲiwálʲ] Festival

фильм [fʲilʲm] Film
фи́нская ба́ня [fʲínßkʌjʌ bánʲʌ] Sauna
фи́рма [fʲírmʌ] Firma
фитнес-це́нтр [fʲítnäß-zä́ntr] Fitnesscenter
формуля́р [fʌrmulʲár] Formular
фотоаппара́т [fʌtʌʌparát] Fotoapparat
фотографи́ровать/сфотографи́ровать [fʌtʌgrafʲírʌwʌtʲ/ßfʌtʌgrafʲírʌwʌtʲ] fotografieren
фру́кты [frúkty] *(Plural)* Obst
футбо́л [fudból] Fußball
футбо́лка [fudbólkʌ] T-Shirt

Х

хлеб [chlʲép] Brot
ходи́ть [chadʲítʲ] *(imperfektiv)* gehen
холм [cholm] Hügel
холоди́льник [chʌladʲílʲnʲik] Kühlschrank
хо́лодно [chólʌdnʌ] *(+ Dativ)* frieren
холо́дный [chalódnyj] kalt
хоро́ший [charóschyj] *(Adjektiv)* gut
хорошо́ [chʌraschó] *(Adverb)* gut
хоте́ть/захоте́ть [chatʲétʲ/sʌchatʲétʲ] mögen *(wollen)*
хотя́ [chatʲá] obwohl
худо́й [chudój] *(Mensch etc.)* dünn; mager

Ц

цвето́к [zwʲitók] Blume
целова́ть/поцелова́ть [zylawátʲ/pʌzylawátʲ] küssen
це́лый [zä́lyj] *(Adjektiv)* ganz
цена́ [zyná] Preis
цент [zent] Cent
центр [zä́ntr] Zentrum
центра́льный [zyntrálʲnyj] zentral
це́рковь [zä́rkʌfʲ] Kirche
цирк [zyrk] Zirkus
цифрово́й [zyfrawój] digital

Ч

чаевы́е [tschijiwýje] Trinkgeld
чай [tschaj] Tee
час [tschaß] Stunde
части́чный [tschißʲtʲítschnyj] partiell; teilweise
ча́стный [tscháßtnyj] privat
ча́стый [tscháßtyj] häufig; oft
часть [tschaßʲtʲ] Teil
часы́ [tschißý] *(Plural)* Uhr
ча́шка [tscháschkʌ] Tasse
челове́к [tschilawʲék] Mensch
чемода́н [tschimadán] Koffer
через [tschirʲiß-…] *(+ Akkusativ)* über;
чере́шня [tschirʲéschnʲʌ] Süßkirsche
чёрный [tschórnyj] schwarz
чесно́к [tschißnók] Knoblauch
четве́рг [tschitwʲérk] Donnerstag
чечеви́ца [tschitschiwʲízʌ] Linse*(n)*

чини́ть/почини́ть [tschin^{j}ít^j/pʌtschin^{j}ít^j] reparieren
чип-ка́рта [tschip-kártʌ] Chipkarte
число́ [tschißló] Zahl; Datum
чи́стить/почи́стить [tschíß^{j}t^{j}it^j/patschíß^{j}t^{j}it^j] reinigen
чи́стка [tschíßtkʌ] Reinigung
чи́стый [tschíßtyj] sauber
чиха́ть/чихну́ть [tschichát^j/tschichnút^j] niesen
что [schto] dass; was
что́бы [schtóby] *(+ Infinitiv)* *(um)* zu; *(damit)* dass
что-нибудь [schtó-n^{j}ibut^j] *(irgend)*etwas
чу́вство [tschúßtwʌ] Gefühl
чу́вствовать/почу́вствовать (себя́) [tschúßtwʌwʌt^j/ patschúßtwʌwʌt^j (ß^{j}ib^{j}á)] *(sich)* fühlen

Ш

шампу́нь [schampún^j] Shampoo
ша́риковая ру́чка [schár^{j}ikʌwʌjʌ rútschkʌ] Kugelschreiber
шве́дский стол [schw^{j}ézk^{j}ij ßtol] Büfett
швейца́р [schw^{j}ijzár] Portier
ши́на [schýnʌ] Schiene; Reifen
широ́кий [schyrók^{j}ij] breit
шифр [schyfr] Chiffre; Geheimzahl
шкаф [schkaf] Schrank
шко́ла [schkólʌ] Schule
шко́льник, шко́льница [schkól^{j}n^{j}ik, schkól^{j}n^{j}izʌ] Schüler, Schülerin
шокола́д [schʌkalát] Schokolade
шо́рты [schórty] *(Plural)* Shorts
шофёр [schaf^{j}ór] Fahrer
штраф [schtraf] Bußgeld; Geldstrafe
шум [schum] Geräusch; Lärm

Щ

щётка [schtschótkʌ] Bürste

Э

экску́рсия [äkßkúrß^{j}ijʌ] Ausflug; Rundfahrt; Führung
экскурсово́д [äkßkurßawót] Fremdenführer*(in)*
элега́нтный [äl^{j}igántnyj] *(elegant)* fein
электри́ческий [äl^{j}iktr^{j}ítschißk^{j}ij] elektrisch
электро́нная сигаре́та [äl^{j}iktrónnʌjʌ ß^{j}igar^{j}étʌ] E-Zigarette
эта́ж [ätásch] Stockwerk

Ю

ю́бка [júpkʌ]*(Kleidung)* Rock
юг [juk] Süden

Я

я́блоко [jáblʌkʌ] Apfel
язы́к [jisýk] Zunge; Sprache
яйцо́ [jijzó] Ei
янва́рь [janwár^j] Januar
я́щик [jáschtschik] Kiste

A

ab с *(+ Genitiv)* [ß-…]; от *(+ Genitiv)* [at-…]
Abend вечер [wʲétschir]
Abendessen ужин [úshyn]
aber но [no]
Abfahrt отправление [atprawlʲénʲije]
Abflug вылет [wýlʲit]
abgeben отдавать/отдать [addawátʲ/addátʲ]
abholen встречать/встретить *(+ Akkusativ)* [fßtrʲitschátʲ/fßtrʲétʲitʲ]
abreisen (nach) уезжать/уехать (в) *(+ Akkusativ)* [ujishshátʲ/ujéchʌtʲ (f-…)]
abschließen *(Tür etc.)* запирать/запереть [sʌpʲirátʲ/sʌpʲirʲétʲ]
Adapter адаптер [adáptắr]
Adresse адрес [ádrʲiß]
Agentur агентство [agʲénztwʌ]
alkoholfrei безалкогольный [bʲisʌlkagólʲnyj]
alle все [fßʲe]
allein один/одна/одни *(m/f/Plural)* [adʲín/adná/adnʲí]
Allergie аллергия [alʲirgʲíjʌ]
alles всё [fßʲo]
als *(zeitlich)* когда [kagdá]; *(in der Eigenschaft)* как [kak]
also итак [iták]
alt старый [ßtáryj]
Alter возраст [wósrʌßt]
an *(bei)* у *(+ Genitiv)* [u-…]
anderer другой [drugój]
anders по-другому [pʌ-drugómu]
Anfang начало [natschálʌ]
anfangen начинать/начать [nʌtschinátʲ/natschátʲ]
angeln удить/поудить [udʲítʲ/pʌudʲítʲ]
angenehm приятный [prʲijátnyj]
Achtung внимание [wnʲimánʲije]
ankommen прибывать/прибыть [prʲibywátʲ/prʲibýtʲ]
Ankunft прибытие [prʲibýtʲije]
anmelden регистрировать *(imperfektiv u. perfektiv)* [rʲigʲißtrʲírʌwʌtʲ]
Anmeldung регистрация [rʲigʲißtrázyjʌ]
Anruf звонок [swanók]
anrufen звонить/позвонить (по телефону) *(+ Dativ)* [swanʲítʲ/pʌswanʲítʲ (pʌ-tʲilʲifónu)]
ansehen смотреть/посмотреть [ßmatrʲétʲ/pʌßmatrʲétʲ]
anstatt вместо *(+ Genitiv)* [wmʲéßtʌ]
antworten отвечать/ответить [atwʲitschátʲ/atwʲétʲitʲ]
Anzahlung задаток [sadátʌk]
Apartment квартира [kwartʲírʌ]
Apfel яблоко [jáblʌkʌ]
Apotheke аптека [aptʲékʌ]
Appetit аппетит [apʲitʲít]
April апрель [aprʲélʲ]
Arbeit работа [rabótʌ]
arbeiten работать *(imperfektiv)* [rabótʌtʲ]
arm бедный [bʲédnyj]

Arm *(Singular)* рукá [ruká]; *(Plural)* рýки [rúk^{j}i]

Art *(Sorte)* вид [w^{j}it]; *(Weise)* спóсоб [ßpóßʌp]

Arzt врач [wratsch]

Asien Áзия [ás^{j}ijʌ]

atmen дышáть [dyschát^{j}]

auch тóже [tóshe]

auf на *(+ Präpositiv)* [na-…]; *(drauf)*

на *(+ Akkusativ)* [na-…]; *(offen)* открытый [atkrytyj]

Auf-/Abfahrt въезд/съезд [wjeßt/ßjeßt]

aufhören перестáть [p^{j}ir^{j}ißtát^{j}]

aufpassen (auf) присмáтривать/присмотрéть (за) *(+ Instrumental)* [pr^{j}ißmátr^{j}iwʌt^{j}/pr^{j}ißmatr^{j}ét^{j} (sʌ-…)]

aufstehen вставáть/встать [fßtawát^{j}/fßtat^{j}]

aufwachen просыпáться/проснýться [prʌßypázʌ/praßnúzʌ]

Aufzug лифт [l^{j}ift]

Augen *(Singular)* глаз [glaß]; *(Plural)* глазá [glasá]

August áвгуст [áwgußt]

aus из *(+ Genitiv)* [iß-…]; *(vorbei)* кóнчено [kón^{j}tschinʌ]

Ausdruck выражéние [wyrashán^{j}ije]

Ausfahrt вы́езд [wýjißt]

Ausflug экскýрсия [äkßkúrß^{j}ijʌ]

ausfüllen заполня́ть/запóлнить [sʌpaln^{j}át^{j}/sapóln^{j}it^{j}]

Ausgang вы́ход [wýchʌt]

ausgehen выходи́ть/вы́йти [wychad^{j}ít^{j}/wyjt^{j}i]

Auskunft спрáвка [ßpráfkʌ]

Ausland заграни́ца [sʌgran^{j}ízʌ]

Ausreise вы́езд [wýjißt]

außen снарýжи [ßnarúshy]

außer крóме *(+ Genitiv)* [króm^{j}i]

außerdem крóме тогó [króm^{j}i tawó]

Aussicht вид [w^{j}it]

aussteigen выходи́ть/вы́йти [wychad^{j}ít^{j}/wýjt^{j}i]

austauschen обмéнивать/обменя́ть [abm^{j}én^{j}iwʌt^{j}/abm^{j}in^{j}át^{j}]

Auswahl вы́бор [wýbʌr]

Auto маши́на [maschýnʌ]

Autobahn автомагистрáль *(f)* [aftʌmʌg^{j}ißtrál^{j}]

Automat автомáт [aftamát]

automatisch автомати́ческий [aftʌmat^{j}ítschißk^{j}ij]

B

Baby младéнец [mlad^{j}én^{j}iz]

Bäckerei бýлочная [búlʌtschnʌjʌ]

Badeanzug купáльник [kupál^{j}n^{j}ik]

Badehose плáвки *(Plural)* [pláfk^{j}i]

Bademantel купáльный халáт [kupál^{j}nyj chalát]

Badewanne вáнна [wánnʌ]

Badezimmer вáнная [wánnʌjʌ]

Bahnhof вокзáл [wagsál]

Bahnsteig перрóн [p^{j}irón]

bald скóро [ßkórʌ]

Balkon балкóн [balkón]

Ball *(Spielzeug)* мяч [m^{j}atsch]; *(Tanz~)* бал [bal]

Ballett балéт [balʲét]
Band *(Musik~)* грýппа [grúpʌ]
Bank *(Geldinstitut)* банк [bank]; *(Sitz~)* скамéйка [ßkamʲéjkʌ]
Bar бар [bar]
Bargeld налúчные [nalʲítschnyje]
barrierefrei безбарьéрный [bisbarʲjérnyj]
Bart бородá [bʌradá]
Batterie батарéйка [bʌtarʲéjkʌ]
Bauch живóт [shywót]
Baum дéрево [dʲérʲiwʌ]
beachten обращáть/обратúть внимáние [abraschtschátʲ/abratʲítʲ wnʲimánʲije]
bedauern сожалéть *(imperfektiv)* [ßʌshalʲétʲ]
Bedeutung значéние [snatschénʲije]
Bedienung обслýживание [apßlúshywʌnʲije]
begleiten провожáть/проводúть [prʌwashátʲ/prʌwadʲítʲ]
begrüßen привéтствовать *(imperfektiv)* [prʲiwʲéztwʌwʌtʲ]
behandeln *(medizinisch)* лечúть [lʲitschítʲ]
Behindertenausweis удостоверéние инвалúдности [udʌßtʌwʲirʲénʲije inwalʲídnʌßʲtʲi]
behindertengerecht приспособленный для инвалúдов [prʲißpaßóblʲinyj dlʲi inwalʲídʌf]
Behindertentoilette туалéт приспосóбленный для инвалúдов [tualʲét prʲißpaßóblʲinyj dlʲi inwalʲídʌf]
bei у *(+ Genitiv)* [u-…]
beide óба/óбе *(m, nt/f)* [óbʲi/óbʌ]
Bein *(Singular)* ногá [nagá]; *(Plural)* нóги [nógʲi]
Beispiel примéр [prʲimʲér]
beißen кусáть/укусúть [kußátʲ/ukußʲítʲ]; *(bissig sein)* кусáться *(imperfektiv)* [kußázʌ]
bekommen получáть/получúть [pʌlutschátʲ/pʌlutschítʲ]
benutzen употреблять/употребúть [upʌtrʲiblʲátʲ/upʌtrʲibʲítʲ]
bequem удóбный [udóbnyj]
berechnen считáть/посчитáть [schtschitátʲ/pʌschtschitátʲ]
Berg горá [gará]
Beruf профéссия [prafʲéßʲijʌ]
beschädigen повреждáть/повредúть [pʌwrʲishdátʲ/pʌwrʲidʲítʲ]
Bescheinigung свидéтельство [ßwʲidʲétʲilʲßtwʌ]
besetzt зáнятый [sánʲityj]
besichtigen осмáтривать/осмотрéть [aßmátrʲiwʌtʲ/aßmatrʲétʲ]
Besichtigung осмóтр [aßmótr]
Besitzer(in) владéлец (владéлица) [wladʲélʲiz, wladʲélʲizʌ]
besonders осóбенный [aßóbʲinyj]
besser лýчше [lútschä]
bestätigen подтверждáть/подтвердúть [pʌtwʲirshdátʲ/pʌtwʲirdʲítʲ]

Besteck прибóр [prʲibór]
bestehen (aus) состоя́ть (из) *(imperfektiv + Genitiv)* [ßʌßtaját ʲ (iß-…)]
Bestellung закáз [sakáß]
bester лýчший [lútschyj]
bestimmter определённый [aprʲidʲilʲónyj]
Besuch посещéние [pʌßʲischtschénʲije]; *(Gast)* гость [goßʲtʲ]
besuchen посещáть/посети́ть [pʌßʲischtschátʲ/pʌßʲitʲítʲ]
Bett кровáть [krawátʲ]
Bettwäsche постéльное бельё [paßʲtʲélʲnʌje bʲilʲjó]
bevor прéжде чем [prʲéshdʲi tschem]
bezahlen плати́ть/заплати́ть [platʲítʲ/sʌplatʲítʲ]
Biene пчелá [ptschilá]
Bier пи́во [pʲíwʌ]
Bikini бики́ни [bʲikʲínʲi]
Bild *(Gemälde)* карти́на [kartʲínʌ]; *(Foto)* сни́мок [ßnʲímʌk]; *(Abbild, Vorstellung)* óбраз [óbrʌß]
billig дешёвый [dʲischówyj]
Birne грýша [grúschʌ]
bis до *(+ Genitiv)* [dʌ-…]
Bitte прóсьба [próßʲbʌ]
bitter гóрький [górʲkʲij]
Blatt лист [lʲißt]
blau си́ний [ßʲínʲij]
bleiben оставáться/остáться [aßtawázʌ/aßtázʌ]
Bleistift карандáш [kʌrandásch]
Blume *(Singular)* цветóк [zwʲitók]; *(Plural)* цветы́ [zwʲitý]
Bluse блýзка [blúßkʌ]
Blut кровь [krofʲ]
Blutdruck кровянóе давлéние [krʌwʲinóje dawlʲénʲije]
Boden *(Fuß~)* пол [pol]; *(Dach~)* чердáк [tschirdák]
Bohnen фасóль *(f)* [faßólʲ]
Bonbons *(Pralinen)* конфéты *(Plural)* [kanfʲéty]
Bordkarte посáдочный талóн [paßádʌtschnyj talón]
Botschaft *(diplomat. Vertretung)* посóльство [paßólʲßtwʌ]
brauchen нуждáться (в) *(+ Präpositiv)* [nushdázʌ (f-…)]; *(nötig sein)* быть нýжным [bytʲ núshnym]
braun кори́чневый [karʲítschnʲiwyj]
breit ширóкий [schyrókʲij]
Brief письмó [pʲißʲmó]
Briefkasten почтóвый я́щик [patschtówyj jáschtschik]
Briefmarke почтóвая мáрка [patschtówʌjʌ márkʌ]
Brieftasche бумáжник [bumáshnʲik]
bringen приноси́ть/принести́ [prʲinaßʲítʲ/prʲinʲißʲtʲí]
Brot хлеб [chlʲep]
Brötchen бýлочка [búlʌtschkʌ]
Brücke мост [moßt]
Bruder брат [brat]
Brust грудь [grutʲ]
Buch кни́га [knʲígʌ]
Bucht бýхта [búchtʌ]; зали́в [salʲíf]
Buchung брóня [brónʲʌ]

Bungalow бýнгало [búngʌlʌ]; дáча [dátschʌ]
bunt пёстрый [pʲóßtryj]
Burg крéпость [krʲépʌßʲtʲ]
Büro бюрó [bʲuró]
Bürste щётка [schtschótkʌ]
Bus автóбус [aftóbuß]
Butter мáсло [máßlʌ]

C

Café кафé [kafä́]
Camping кéмпинг [kʲémpʲink]
Campingplatz кéмпинг [kʲémpʲink]
Cent цент [zänt]
Chef начáльник [natschálʲnʲik]
Chipkarte чип-кáрта [tschip-kártʌ]
Cousin (e) кузéн (кузи́на) [kusä́n, kusʲínʌ]
Creme (космети́ческий) крем [(kʌßmʲitʲítschißkʲij) krʲém]

D

da *(dort)* там [tam]; *(dann)* тогдá [tagdá]; *(weil)* так как [tak kak]
daheim дóма [dómʌ]
damals тогдá [tagdá]
Damen- жéнский [shä́nßkʲij]
danach потóм [patóm]
danken благодари́ть/поблагодари́ть *(+ Akkusativ)* [blʌgʌdarʲítʲ/pʌblʌgʌdarʲítʲ]
dann тогдá [tagdá]; *(danach)* потóм [patóm]
dass что [schto]; *(damit)* чтóбы [schtóby]
dasselbe то же сáмое [to shy ßámʌje]
Datum числó [tschißló]
Decke потолóк [pʌtalók]
denken (an) дýмать/подýмать (о) *(+ Präpositiv)* [dúmʌtʲ/padúmʌtʲ (a-…)]
Denkmal пáмятник [pámʲitnʲik]
denn *(weil)* потомý что [pʌtamú schto]; *(in Fragen)* же [she]
deshalb поэ́тому [paä́tʌmu]
desinfizieren дезинфици́ровать *(imperfektiv u. perfektiv)* [dʲisynfʲizýrʌwʌtʲ]
deutsch немéцкий [nʲimʲézkʲij]
Deutsche/r нéмец нéмка [nʲémʲiz, nʲémkʌ]
Deutschland Гермáния [gʲirmánʲijʌ]
Devisen валю́та [walʲútʌ]
Dezember декáбрь [dʲikábrʲ]
Diabetes диабéт [dʲiabʲét]
Diät диéта [dʲijétʌ]
dick тóлстый [tólßtyj]
Dienstag втóрник [ftórnʲik]
digital цифровóй [zyfrawój]
Ding вещь [wʲischtsch]
dir тебé [tʲibʲé]
direkt прямóй [prʲimój]
Diskothek дискотéка [dʲißkatʲékʌ]
doch! да! [da]
Donnerstag четвéрг [tschitwʲérk]
Dorf дерéвня [dʲirʲéwnʲʌ]; селó [ßʲiló]
dort там [tam]
draußen снарýжи [ßnarúshy]; *(im Freien)* на ýлице [na-úlʲizy]

drin(nen) внутри́ [wnutrʲí]
dringend *(eilig)* сро́чный [ßrótschnyj]
Drogerie галантере́я [gʌlʌntʲirʲéjʌ]; парфюме́рия [pʌrfʲumʲérʲijʌ]
dunkel тёмный [tʲómnyj]
dünn то́нкий [tónkʲij]; *(Mensch etc.)* худо́й [chudój]
durch че́рез *(+ Akkusativ)* [tschérʲiß-...] по *(+ Dativ)* [pʌ-...]
Durchreise прое́зд [prajéßt]
dürfen мо́жно [móshnʌ]
Durst haben хоте́ть/захоте́ть пить [chatʲétʲ/sʌchatʲétʲ pʲitʲ]
Dusche душ [dusch]

E

Ehefrau жена́ [shyná]
Ehemann муж [musch]
Ei *(Singular)* яйцо́ [jijzó]; *(Plural)* я́йца [jájzʌ]
eigentlich *(als Adverb)* на са́мом де́ле [na-ßámʌm dʲélʲi]
eilig спе́шный [ßpʲéschnyj];
einchecken регистри́роваться/зарегистри́роваться [rʲigʲißtrʲírʌwʌzʌ/sʌrʲigʲißtrʲírʌwʌzʌ]
einfach просто́й [praßtój]
Einfahrt въезд [wjeßt]
Eingang вход [fchot]
einheimisch ме́стный [mʲéßnyj]
einige не́сколько *(+ Genitiv Plural)* [nʲéßkʌlʲkʌ]
einkaufen покупа́ть/купи́ть [pʌkupátʲ/kupʲítʲ]
einladen приглаша́ть/пригласи́ть [prʲiglaschátʲ/prʲiglaßʲítʲ]
einmal раз [raß]; *(einst)* одна́жды [adnáshdy]
einpacken упако́вывать/упакова́ть [upakówywʌtʲ/upʌkawátʲ]
Einreise въезд [wjeßt]
einsam одино́кий [adʲinókʲij]
einschalten включа́ть/включи́ть [fklʲutschátʲ/fklʲutschítʲ]
einsteigen сади́ться/сесть [ßadʲízʌ/ßʲißʲtʲ]
Eintritt вход [fchot]
Eintrittskarte (входно́й) биле́т [(fchadnój) bʲilʲét]
Einwohner(in) жи́тель(ница) [shytʲilʲ(nʲizʌ)]
einzig еди́нственный [jidʲínßtwʲinyj]
Eis *(gefrorenes Wasser)* лёд [lʲót]; *(Speise~)* моро́женое [maróshynʌje]
elektrisch электри́ческий [älʲiktrʲítschißkʲij]
Eltern роди́тели *(Plural)* [radʲítʲilʲi]
empfangen принима́ть/приня́ть [prʲinʲimátʲ/prʲinʲátʲ]
Empfänger получа́тель [pʌlutschátʲilʲ]
empfehlen сове́товать/посове́товать [ßawʲétʌwʌtʲ/pʌßawʲétʌwʌtʲ]
Ende коне́ц [kanʲéz]
endgültig оконча́тельный [akanʲtschátʲilʲnyj]
endlich *(als Adjektiv)* коне́чный [kanʲétschnyj];

(als Adverb) наконе́ц [nʌkanʲéz]
eng у́зкий [úßkʲij]
englisch англи́йский [anglʲíßkʲij]
entdecken открыва́ть/откры́ть [atkrywátʲ/atkrytʲ]
Entfernung расстоя́ние [rʌßtajánʲije]
entscheiden реша́ть/реши́ть [rʲischátʲ/rʲischytʲ]
Entschuldigung извине́ние [iswʲinʲénʲije]
enttäuscht разочаро́ванный [rʌsʌtschirówʌnyj]
entweder ... oder ... или ... или ... [ílʲi … ílʲi …]
Erbsen горо́х [garóch]
Erdbeere клубни́ка [klubnʲíkʌ]
Erde земля́ [sʲimlʲá]
Erdgeschoss пе́рвый эта́ж [pʲérwyj ätásch]
erfahren узнава́ть/узна́ть [usnawátʲ/usnátʲ]
erhalten получа́ть/получи́ть [pʌlutschátʲ/pʌlutschítʲ]
Erholung о́тдых [óddych]
Erkältung просту́да [praßtúdʌ]
Ermäßigung льго́та [lʲgótʌ]
ersetzen заменя́ть/замени́ть [sʌmʲinʲátʲ/sʌmʲinʲítʲ]
erst *(zuerst)* сперва́ [ßpʲirwá]
erstens во-пе́рвых [wa-pʲérwych]
erster пе́рвый [pʲérwyj]
erwachsen взро́слый [wsróßlyj]
erwarten ожида́ть *(imperfektiv)* [ashydátʲ]
erzählen расска́зывать/рассказа́ть [raßkásywʌtʲ/rʌßkasátʲ]
Essen еда́ [jidá]
essen есть *(imperfektiv)* [jeßʲtʲ]
Essig у́ксус [úkßuß]
Etage эта́ж [ätásch]
etwa *(ungefähr)* приблизи́тельно [prʲiblʲisʲítʲilʲnʌ]
etwas что́-нибудь [schtó-nʲibutʲ]
EU Европе́йский сою́з [jiwrapʲéjßkʲij ßajúß]
Euro е́вро [jéwrʌ]
Europa Евро́па [jiwrópʌ]
Europäer(in) европе́ец (европе́йка) [jiwrapʲéjiz, jiwrapʲéjkʌ]
europäisch европе́йский [jiwrapʲéjßkʲij]
extra *(zusätzlich)* сверх [ßwʲerch]; *(Adverb: besonders)* осо́бенно [aßóbʲinnʌ]
E-Zigarette электро́нная сигаре́та [älʲiktrónnʌjʌ ßʲigarʲétʌ]

F

Fähre паро́м [paróm]
fahren е́здить *(imperfektiv)* [jésʲdʲitʲ]; е́хать/пое́хать [jéchʌtʲ/pajéchʌtʲ]
Fahrer шофёр [schafʲór]
Fahrgast пасса́жир [pʌßashýr]
Fahrkarte (проездно́й) биле́т [(prʌjisnój) bʲilʲét]
Fahrplan расписа́ние [rʌßpʲißánʲije]
Fahrpreis сто́имость прое́зда [ßtóimʌßʲtʲ prajésdʌ]
Fahrrad велосипе́д [wʲilʌßʲipʲét]
Fahrschein (проездно́й) биле́т [(prʌjisnój) bʲilʲét]

WÖRTERBUCH DEUTSCH - RUSSISCH

Fahrstuhl подъёмник [padjómnʲik]; лифт [lʲift]
Fahrt проéзд [prajésd]
fallen пáдать/упáсть [pádʌtʲ/upáßtʲ]
falsch *(unrichtig)* непрáвильный [nʲipráwʲilʲnyj]; *(unecht)* фальшѝвый [falʲschywyj]
Familie семьá [ßʲimʲjá]
Familienname фамѝлия [famʲílʲijʌ]
fangen ловѝть/поймáть [lawʲítʲ/pajmátʲ]
fast почтѝ [patschtʲí]
Februar феврáль [fʲiwrálʲ]
fehlen не хватáть/не хватѝть *(+ Genitiv)* [nʲi-chwatátʲ/nʲi-chwatʲítʲ]
Fehler *(Irrtum)* ошѝбка [aschypkʌ]
fein *(elegant)* элегáнтный [elʲigántnyj]; *(dünn)* тóнкий [tónkʲij]
Feld пóле [pólʲi]
Fels скалá [ßkalá]
Fenster окнó [aknó]
Ferien канѝкулы *(Plural)* [kanʲíkulý]
Ferienhaus дáча [dátschʌ]
Ferngespräch *(Inland/Ausland)* междугорóдный/ междунарóдный разговóр [mʲishdugaródnyj/ mʲishdunaródnyj rʌsgawór]
Fernseher телевѝзор [tʲilʲiwʲísʌr]
fertig готóвый [gatówyj]
Fest прáздник [prásnʲik]
Festival фестивáль [fʲißʲtʲiwálʲ]
fett жѝрный [shýrnyj]
fettarm обезжѝренный [abʲisshýrʲinyj]
Feuer огóнь [agónʲ]
Film фильм [fʲilʲm]; *(Foto~)* плёнка [plʲónkʌ]
finden находѝть/найтѝ [nʌchadʲítʲ/najtʲí]
Finger пáлец [pálʲiz]
Firma фѝрма [fʲírmʌ]
Fisch рыба [rýbʌ]
fit в фóрме [f-fórmʲi]
Fitnesscenter фитнес-цéнтр [fʲitnäß-zántr]
flach *(platt)* плóский [plóßkʲij]; *(eben)* рóвный [równyj]
Flasche бутылка [butýlkʌ]
Fleck пятнó [pʲitnó]
Fleisch мáсо [mjáßʌ]
fliegen *(mehrmals hin und zurück)* летáть *(imperfektiv)* [lʲitátʲ]; *(in eine Richtung)* летéть/полетéть [lʲitʲétʲ/pʌlʲitʲétʲ]
Flug полёт [palʲót]
Fluggesellschaft авиакомпáния [awʲiʌkampánʲijʌ]
Flughafen аэропóрт [äärapórt]
Flugsteig выход на посáдку [wýchʌt nʌ-paßátku]
Fluss рекá [rʲiká]
flüssig жѝдкий [shýtkʲij]
Flüssigkeit жѝдкость [shýtkʌßʲtʲ]
Föhn фен® [fʲen]
Formular бланк [blank]; формулáр [fʌrmulʲár]
Foto снѝмок [ßnʲímʌk]
Fotoapparat фотоаппарáт [fʌtʌʌparát]
fotografieren фотографѝровать/ сфотографѝровать [fʌtʌgrafʲírʌwʌtʲ/ ßfʌtʌgrafʲírʌwʌtʲ]
Frage вопрóс [wapróß]

fragen спрáшивать/спроси́ть [ßpráschywʌtʲ/ßpraßʲítʲ]
Frau жéнщина [shánschtschinʌ]; *(Anrede)* госпожá [gʌßpashá]
frei свобóдный [ßwabódnyj]
Freitag пя́тница [pʲátnʲizʌ]
fremd *(unbekannt)* незнакóмый [nʲisnakómyj]; *(zugereist)* приéзжий [prʲijáshshyj]
Fremde/r *(Ausländer/in)* инострáнец (инострáнка) [inaßtránʲiz, inaßtránkʌ]
Fremdenführer(in) гид [gʲit]; экскурсовóд [äkßkurßawót]
Fremdenverkehrsamt туристи́ческое информациóнное бюрó [turʲißtʲítschʲißkʌje infʌrmʌzyónʌji bʲuró]
Freund(in) друг (подрýга) [druk, padrúgʌ]
frisch свéжий [ßwʲéshyj]
Friseur парикмáхер [pʌrʲikmáchʲir]
Frisur причёска [prʲitschóßkʌ]
Frucht фрукт [frukt]
früh рáно [ránʌ]
Frühling веснá [wʲißná]
Frühstück зáвтрак [sáftrʌk]
frühstücken зáвтракать/позáвтракать [sáftrʌkʌtʲ/pasáftrʌkʌtʲ]
Führerschein води́тельские правá [wadʲítʲilʲßkʲije prawá]
Führung экскýрсия (с экскурсовóдом) [äkßkúrßʲijʌ (ß-äkßkurßawódʌm)]
funktionieren рабóтать *(imperfektiv)* [rabótʌtʲ]
für *(zu Gunsten von)* для *(+ Genitiv)* [dlʲa…]; *(anstelle von)* за *(+ Akkusativ)* [sʌ-…]
Fuß ступня́ [ßtupnʲá]
Fußball футбóл [fudból]
Fußgänger(in) пешехóд [pʲischychót]
Fußgängerzone пешехóдная зóна [pʲischychódnʌjʌ sónʌ]

G

Gabel ви́лка [wʲílkʌ]
ganz *(als Adjektiv)* цéлый [zályj]; *(als Adverb)* совсéм [ßafßʲém]
Garage гарáж [garásch]
Garantie гарáнтия [garántʲijʌ]
Garderobe гардерóб [gʌrdʲiróp]
Garten сад [ßat]; *(Gemüse~)* огорóд [agarót]
Gasse переýлок [pʲirʲiúlʌk]
Gast гость (гóстья) [goßʲtʲ, góßʲtʲjʌ]
Gebäck печéнье [pʲitschénʲje]
Gebäude здáние [sdánʲije]
geben давáть/дать [dawátʲ/datʲ]
Gebirge гóры [góry]
gebräuchlich употреби́тельный [upʌtrʲibʲítʲilʲnyj]; *(üblich)* при́нятый [prʲínʲityj]
Gebühren плáта [plátʌ]
Geburtsort мéсто рождéния [mʲéßtʌ rashdʲénʲijʌ]
Geburtstag день рождéния [dʲinʲ rashdʲénʲijʌ]

Gedeck столóвые прибóры *(pl)* [ßtalówyji prʲibóry]
Gefahr опáсность [apáßnʌßʲtʲ]
gefährlich опáсный [apáßnyj]
gefallen нрáвиться/понрáвиться [nráwʲizʌ/panráwʲizʌ]
gegen прóтив *(+ Genitiv)* [prótʲif ...]; *(Richtung)* к *(+ Dativ)* [k-...]; *(ungefähr)* óколо *(+ Genitiv)* [ókʌlʌ ...]
Gegend край [kraj]
Gegenstand предмéт [prʲidmʲét]
gegenüber напрóтив *(+ Genitiv)* [naprótʲif]
Geheimzahl шифр [schyfr]; пин-кóд [pʲin-kót]; парóль [parólʲ]
gehen *(mehrmals, hin und zurück)* ходи́ть *(imperfektiv)* *(in eine Richtung)* идти́/пойти́ [chadʲítʲ, itʲí/pajtʲí]; *(funktionieren)* рабóтать *(imperfektiv)* [rabótʌtʲ]
Gehirn мозг [moßk]
gehören принадлежáть *(imperfektiv + Dativ)* [prʲinʌdlʲishátʲ]
gelb жёлтый [shóltyj]
Geld дéньги *(Plural)* [dʲénʲgʲi]
Geldautomat банкомáт [bʌnkamát]
Geldschein банкнóта [banknótʌ]
gemeinsam совмéстный [ßawmʲéßnyj]; *(Adverb: zusammen)* вмéсте [wmʲéßʲtʲi]
Gemüse óвощи [ówʌschtschi]
gemütlich уютный [ujútnyj]
genau тóчный [tótschnyj]; *(ausführlich)* подрóбный [padróbnyj]
genießen наслаждáться/наслади́ться *(+ Instrumental)* [nʌßlashdázʌ/nʌßladʲízʌ]
genug *(als Adverb)* достáточно [daßtátʌtschnʌ]
geöffnet откры́тый [atkrýtyj]
Gepäck багáж [bagásch]
gerade *(nicht gekrümmt)* прямóй [prʲimój]; *(soeben)* как раз [kak raß]
geradeaus прямо [prʲámʌ]
Geräusch шум [schum]
Gericht суд [ßut]; *(Speise)* блюдо [blʲúdʌ]
gern охóтно [achótnʌ]
Geruch зáпах [sápʌch]
Geschichte *(Erzählung)* расскáз [raßkáß]; *(Historie)* истóрия [ißtórʲijʌ]
Geschirr посýда [paßúdʌ]
geschlossen закрытый [sakrýtyj]
Gesicht лицó [lʲizó]
Gespräch разговóр [rʌsgawór]
gesund здорóвый [sdarówyj]
Getränk напи́ток [napʲítʌk]
Gewicht вес [wʲéß]
Gewinn при́быль [príbylʲ]
gewinnen выигрывать/вы́играть [wyígrywʌtʲ/wýigrʌtʲ]

Gewitter гроза́ [grasá]
gewöhnlich обы́чный [abytschnyj]
Gewürz пря́ность [prʲánʌßʲtʲ]; спе́ция [ßpʲézyjʌ]
Gift яд [jat]
glauben ве́рить/пове́рить (в) *(+ Akkusativ)* [wʲérʲitʲ/ pawʲérʲitʲ (f-…)]
gleich ра́вный [ráwnyj]; одина́ковый [adʲinákʌwyj]; *(sofort)* сейча́с [ßʲijtscháß]
Gleis ре́льсы [rélʲßy]
Glück сча́стье [schtscháßʲtʲje]
glücklich счастли́вый [schtschißlʲíwyj]
Glückwunsch поздравле́ние [pʌsdrawlʲénʲije]
Gold зо́лото [sólʌtʌ]
Golf гольф [golʲf]
Gott бог [bok]
GPS GPS [dschi-pi-ǻß]
Gramm грамм [gram]
gratis беспла́тно [bʲißplátnʌ]
grau се́рый [ßʲíryj]
Grenze грани́ца [granʲízʌ]
Grill гриль [grʲilʲ]
groß большо́й [balʲschój]; *(hoch, hoch gewachsen)* высо́кий [wyßókʲij]; *(bedeutend)* вели́кий [wʲilʲíkʲij]
Größe величина́ [wʲilʲitschiná]; *(Kleider~)* разме́р [rasmʲír]
Großmutter ба́бушка [bábuschkʌ]
Großvater де́душка [dʲéduschkʌ]
grün зелёный [sʲilʲónyj]
Grund причи́на [prʲitschínʌ]
grüne Versicherungskarte зелёная страхова́я ка́рта [sʲilʲónʌjʌ ßtrʌchawájʌ kártʌ]
Gruppe гру́ппа [grúppʌ]
grüßen *(jemanden be~)* приве́тствовать *(imperfektiv u. perfektiv)* [prʲiwʲéztwʌwʌtʲ]
gültig действи́тельный [dʲijßtwʲítʲilʲnyj]
Gurke огуре́ц [agurʲéz]
Gürtel по́яс [pójiß]
gut *(als Adjektiv)* хоро́ший [charóschyj]; *(als Adverb)* хорошо́ [chʌraschó]

H

Haar во́лосы [wólʌßy]
haben у… есть *(+ Genitiv/+ Nominativ)* [u-… jeßʲtʲ]; *(besitzen)* име́ть *(imperfektiv)* [imʲétʲ]
Hafen порт [port]
halb пол [pʌl]
Halbpension **непо́лный пансио́н** [nʲipólnyj pʌnßʲión]; за́втрак и у́жин [sáftrʌk i úshyn]
Hälfte полови́на [pʌlawʲínʌ]
Hals го́рло [górlʌ]
halt! стой! [ßtoj!]
haltbar про́чный [prótschnyj]
halten держа́ть *(imperfektiv)* [dʲirshátʲ]; *(stehen bleiben)* остана́вливаться/ останови́ться [aßtanáwlʲiwʌzʌ/ aßtʌnawʲízʌ]
Haltestelle остано́вка [aßtanófkʌ]
Hammer молото́к [mʌlatók]
Hand кисть руки́ [kʲißʲtʲ rukʲí]

Handschuhe перчатки [pʲirtschátkʲi]
Handtasche (дамская) сумочка [(dámßkʌjʌ) ßúmʌtschkʌ]
Handtuch полотенце [pʌlatʲénzy]
Handy мобильник [mabʲílʲnʲik]
hässlich некрасивый [nʲikraßʲíwyj]
häufig частый [tscháßtyj]
Hauptbahnhof главный вокзал [gláwnyj wagsál]
hauptsächlich *(als Adjektiv)* главный [gláwnyj]; *(als Adverb)* главным образом [gláwnym óbrʌsʌm]
Hauptspeise второе (блюдо) [ftarójе (blʲúdʌ)]
Hauptstraße главная дорога [gláwnʌjʌ darógʌ]
Haus дом [dom]
Hausnummer номер дома [nómʲir dómʌ]
Haustier домашнее животное [damáschnʲije shywótnʌje]
Haut кожа [kóshʌ]
Heimat родина [ródʲinʌ]
Heimreise возвращение домой [wʌswraschtschénʲije damój]
heiß горячий [garʲátschij]; *(Wetter)* жаркий [shárkʲij]
Heizung отопление [ataplʲénʲije]
helfen помогать/помочь [pʌmagátʲ/pamótsch]
hellblau светло-синий [ßwʲítla-ßʲínʲij]
Hemd рубашка [rubáschkʌ]
Herbst осень [óßʲinʲ]
Herd плита [plʲitá]
herein! войдите! [wajdʲítʲi!]
hereinkommen входить/войти [fchadʲítʲ/wajtʲí]
Herr господин [gʌßpadʲín]
Herren мужской [muschßkój]
Herz сердце [ßʲérzy]
hier здесь [sʲdʲéßʲ]
Hilfe помощь *(f)* [pómʌschtsch];Hilfe!
Hilfe! помогите! [pʌmagʲítʲi]
Himmel небо [nʲébʌ]
hinten позади [pʌsadʲí]
hinter за *(+ Instrumental)* [sa…]; позади *(+ Genitiv)* [pʌsadʲí]
hinzufügen добавлять/добавить [dʌbawlʲátʲ/dabáwʲitʲ]
Hitze жара [shará]
hoch высокий [wyßókʲij]
Hochzeit свадьба [ßwádʲbʌ]
Hof двор [dwor]; *(Gut)* усадьба [ußádʲbʌ]
hoffen надеяться/понадеяться [nadʲéjizʌ/pʌnadʲéjizʌ]
höflich вежливый [wʲéshlʲiwyj]
Höhe высота [wyßatá]
Holz дерево [dʲérʲiwʌ]; *(Brenn~)* дрова *(Plural)* [drawá]
Honig мёд [mʲót]
hören *(vernehmen)* слышать/услышать [ßlýschʌtʲ/ußlýschʌtʲ]; *(zu~)* слушать/послушать [ßlúschʌtʲ/paßlúschʌtʲ]
Hose брюки *(Plural)* [brʲúkʲi]
hübsch *(als Adjektiv)* красивый [kraßʲíwyj]

Hüfte бедро́ [b^{j}idró]
Hügel холм [cholm]
Hund соба́ка [ßabákʌ]
Husten ка́шель [káschyl^j]

I

Idee иде́я [id^{j}éjʌ]
Imbiss заку́ска [sakúßkʌ]; *(~bude)* кио́ск [kiósk]
immer всегда́ [fß^{j}igdá]
Impfung приви́вка [pr^{j}iw^{j}ífkʌ]
in в *(+ Präpositiv)* [f-…]; *(~ hinein)* в *(+ Akkusativ)* [f-…]
inbegriffen включённый [fkl^{j}utschónyj]
innen внутри́ [wnutr^{j}í]
Insekt насеко́мое [nʌß^{j}ikómʌje]
Insel о́стров [óßtrʌf]
interessant интере́сный [int^{j}ir^{j}éßnyj]
international междунаро́дный [m^{j}ishdunaródnyj]
Internetbuchung брони́рование в интерне́те [bran^{j}írʌwʌnije w intyrnắt^{j}i]
Irrtum оши́бка [aschýpkʌ]

J

ja да́ [dá]
Jacke ку́ртка [kúrtkʌ]
Jahr год [got]
Jahreszeit вре́мя го́да [wr^{j}ém^{j}ʌ gódʌ]; сезо́н [ß^{j}isón]
Januar янва́рь [janwár^j]
jeder ка́ждый [káshdyj]
jemand *(irgend~)* кто́-нибудь [któn^{j}ibut^j]; *(~ bestimmtes)* не́кто [n^{j}íktʌ]
jetzt сейча́с [ß^{j}itscháß]
joggen бе́гать *(imperfektiv)* [b^{j}ígʌt^j]
Joghurt йо́гурт [jógurt]
Jugendliche молоды́е лю́ди [mʌladýje l^{j}úd^{j}i]
Juli ию́ль [ijúl^j]
jung молодо́й [mʌladój]
Junge ма́льчик [mál^{j}tschik]
Juni ию́нь [ijún^j]

K

Kabine *(Schiff)* каю́та [kajútʌ]
Kaffee ко́фе *(m)* [kóf^{j}e]
Kaffeemaschine кофева́рка [kʌf^{j}iwárkʌ]
kalt холо́дный [chalódnyj]
Kamm расчёска [raschtschóßkʌ]
kämmen причёсывать/причеса́ть [pr^{j}itschóßywʌt^j/pr^{j}itschißát^j]
Kanu кано́э [kanóä]
kaputt сло́манный [ßlómʌnyj]
Karotten морко́вь [markóf^j]
Kartoffeln карто́фель [kartóf^{j}il^j]
Käse сыр [ßyr]
Kasse ка́сса [káßʌ]
Katze ко́шка [kóschkʌ]
kaufen покупа́ть/купи́ть [pʌkupát^j/kup^{j}ít^j]
Kaufhaus универма́г [un^{j}iw^{j}irmák]
kaum едва́ [jidwá]
Kaution зало́г [salók]
kein никако́й [n^{j}ikakój]; *(niemand)* никто́ [n^{j}iktó]

Kekse (бисквитное) печенье [(bʲißkwʲítnʌje) pʲitschénʲje]
Kellner(in) официант(ка) [afʲizyánt(kʌ)]
kennen знать *(imperfektiv)* [snatʲ]
Ketchup кетчуп [kʲétschup]
Kfz-Schein техпаспорт (автомобиля) [tʲichpáßpʌrt (aftʌmabʲílʲʌ)]
Kilogramm килограмм [kʲilagrám]
Kilometer километр [kʲilamʲétr]
Kind ребёнок [rʲibʲónʌk]
Kinder детский [dʲézkʲij]
Kino кино [kʲinó]
Kirche церковь *(f)* [zárkʌfʲ]
Kirsche вишня; *(Süßkirsche)* черешня [wʲíschnʲʌ; tschirʲéschnʲʌ]
Kissen подушка [padúschkʌ]
Kiste ящик [jáschtschik]
klar ясный [jáßnyj]
Klasse класс [klaß]
Kleid платье [plátʲje]
Kleidung одежда [adʲéshdʌ]
klein маленький [málʲinʲkʲij]
Klima климат [klʲímʌt]
Klimaanlage кондиционер [kʌndʲizyanʲér]
Klingel звонок [swanók]
Kneipe кафе [kafé]; пивная [pʲiwnájʌ]; бар [bar]
Knie колено [kalʲénʌ]
Knoblauch чеснок [tschißnók]
Knochen кость [koßʲtʲ]
kochen варить/сварить [warʲítʲ/ßwarʲítʲ]; *(zubereiten)* готовить/приготовить [gatówʲitʲ/prʲigatówʲitʲ]
Koffer чемодан [tschimadán]
Kofferraum багажник [bagáshnʲik]
kommen *(zu Fuß)* приходить/прийти [prʲichadʲítʲ/prʲijtʲí]; *(fahrend)* приезжать/приехать [prʲijishshátʲ/prʲijechʌtʲ]; *(per Flugzeug)* прилетать/прилететь [prʲilʲitátʲ/prʲilʲitʲétʲ]
können мочь/смочь [motsch/ßmotsch]; *(Fähigkeit besitzen)* уметь/суметь [umʲétʲ/ßumʲétʲ]
Konsulat консульство [kónßulʲßtwʌ]
Kontakt контакт [kantákt]
Konto счёт [schtschót]
kontrollieren проверять/проверить [prʌwʲirʲátʲ/prawʲérʲitʲ]
Konzert концерт [kanzárt]
Kopf голова [gʌlawá]
Kopfschmerzen головная боль [gʌlawnájʌ bolʲ]
Kopie копия [kópʲijʌ]
Körper тело [tʲélʌ]
kosten стоить *(imperfektiv)* [ßtóitʲ]; *(probieren)* пробовать/попробовать [próbʌwʌtʲ/papróbʌwʌtʲ]
kostenlos бесплатный [bʲißplátnyj]
krank больной [balʲnój]
Krankenhaus больница [balʲnʲízʌ]
Krankheit болезнь [balʲésʲnʲ]
Krebs рак [rak]

Kreditkarte креди́тная ка́рточка [krʲidʲítnʌjʌ kártʌtschkʌ]
Kreuz крест [krʲéßt]
Kreuzfahrt круи́з [kruíß]
Kreuzung перекрёсток [pʲirʲikrʲóßtʌk]
Küche ку́хня [kúchnʲʌ]
Kuchen пиро́г [pʲirók]; кекс [kʲékß]
Kugelschreiber (ша́риковая) ру́чка [(schárʲikʌwʌjʌ) rútschkʌ]
kühl прохла́дный [prachládnyj]
Kühlschrank холоди́льник [chʌladʲílʲnʲik]
Kultur культу́ра [kulʲtúrʌ]
Kunde, Kundin покупа́тель(-ница) [pʌkupátʲilʲ, -nʲizʌ]
Kunst иску́сство [ißkúßtwʌ]
Kurs курс [kurß]; *(meist Plural)* ку́рсы [kúrßy]
Kurve поворо́т [pʌwarót]
kurz коро́ткий [karótkʲij]
kurzfristig краткосро́чный [krʌtkaßrótschnyj]
Kuss поцелу́й [pʌzylúj]
küssen целова́ть/поцелова́ть [zylawátʲ/pʌzylawátʲ]
Küste (морско́й) бе́рег [(marßkój) bʲérʲik]

L

lachen lachen смея́ться/посмея́ться над *(+ Instrumental)* [ßmʲijázʌ/pʌßmʲijázʌ (nat…)]
Ladegerät заря́дное устро́йство [sarʲádnʌje ußtrójßtwʌ]
Lage положе́ние [pʌlashánʲije]
Lampe ла́мпа [lámpʌ]
Land страна́ [ßtraná]; *(Boden, Fest~)* земля́ [sʲimlʲá]
Landkarte (географи́ческая) ка́рта [(gʲiʌgrafʲítschißkʌjʌ) kártʌ]
Landschaft пейза́ж [pʲijsásch]
Landung приземле́ние [prʲisʲimlʲénʲije]
lang дли́нный [dlʲínnyj]; *(Strecke)* далёкий [dalʲókʲij]; *(Zeit)* до́лгий [dólgʲij]
langsam ме́дленный [mʲédlʲinyj]
langweilig ску́чный [ßkútschnyj]
Lärm шум [schum]
Lastwagen грузови́к [grusawʲík]
laufen *(rennen: hin und zurück)* бе́гать [bʲígʌtʲ]; *(in eine Richtung)* бежа́ть/побежа́ть [bʲishátʲ/pʌbʲishátʲ]
laut гро́мкий [grómkʲij]
Leben жизнь [shysnʲ]
leben жить *(imperfektiv)* [shytʲ]
Lebensmittel проду́кты *(Plural)* [pradúkty]
Leber пе́чень [pʲétschinʲ]; *(Speise)* печёнка [pʲitschónkʌ]
lecker вку́сный [fkúßnyj]
ledig *(Mann)* холосто́й [chʌlaßtój]; *(Frau)* не за́мужем [nʲi-sámushym]
leer пусто́й [pußtój]
leicht *(als Adjektiv)* лёгкий [lʲóchkʲij]; *(als Adverb)* легко́ [lʲichkó]

leider к сожалéнию [k-ßʌshalʲénʲiju]
leihen *(jemandem)* одáлживать/одолжи́ть [adálshywʌtʲ/adalshytʲ]; *(von jemandem)* брать/взять взаймы (у) *(+ Genitiv)* [bratʲ/wsʲatʲ wsajmy (u-…)]
leise ти́хий [tʲíchʲij]
lernen учи́ться/научи́ться *(+ Dativ od. Infinitiv)* [utschízʌ/nʌutschízʌ]
lesen читáть/прочитáть [tschitátʲ/prʌtschitátʲ]
letzt послéдний [paßlʲédnʲij]; *(vorig)* прóшлый [próschlyj]
Leute лю́ди *(Plural)* [lʲúdʲi]
Licht свет [ßwʲét]
lieb ми́лый [mʲílyj]
Liebe любóвь [lʲubófʲ]
lieben люби́ть *(imperfektiv)* [lʲubʲítʲ]
Lied пéсня [pʲéßʲnʲʌ]
liegen лежáть *(imperfektiv)* [lʲishátʲ]
Limonade лимонáд [lʲimanát]
Linie ли́ния [lʲínʲijʌ]
linker лéвый [lʲéwyj]
links налéво [nalʲéwʌ]
Linse ли́нза [lʲínsʌ]; *(Hülsenfrucht)* чечеви́ца [tschitschiwʲízʌ]
Lippe губá [gubá]
Lippenstift губнáя помáда [gubnájʌ pamádʌ]
Liter литр [lʲitr]
Löffel лóжка [lóschkʌ]
Luft вóздух [wósduch]
lustig *(fröhlich)* весёлый [wʲißʲólyj]; *(belustigend)* забáвный [sabáwnyj]

M

machen дéлать/сдéлать [dʲélʌtʲ/sʲdʲélʌtʲ]
Mädchen *(kleines ~)* дéвочка [dʲéwʌtschkʌ]; *(junges ~)* дéвушка [dʲéwuschkʌ]
Magen желýдок [shylúdʌk]
Mahlzeit едá [jidá]; трáпеза [trápʲisʌ]
Mai май [maj]
Mais кукурýза [kukurúsʌ]
malen рисовáть/нарисовáть крáсками [rʲißawátʲ/nʌrʲißawátʲ kráßkʌmʲi]
manchmal иногдá [inagdá]
Mann мужчи́на [muschtschínʌ]; *(Ehe~)* муж [musch]
Mantel *(Kleidung)* пальтó [palʲtó]; *(Reifen)* покрышка (шины) [pakrýschkʌ (schýny)]
Markt рынок [rýnʌk]
Marmelade варéнье [warʲénʲje]; джем [dshäm]
März март [mart]
Maschine маши́на [maschýnʌ]
Massage массáж [maßásch]
Matratze матрáс [matráß]
Mauer стенá [ßʲtʲiná]
Maut дорóжная пóшлина [daróshnʌjʌ póschlʲinʌ]
Medikament лекáрство [lʲikárßtwʌ]
Meer мóре [mórʲe]
Mehl мукá [muká]
mehr als бóльше … чем … *(+ Genitiv, + Nominativ)* [bólʲsche … tschem …]
meinen полагáть *(imperfektiv)* [pʌlagátʲ]
Meinung мнéние (о) *(+ Präpositiv)* [mnʲénʲije (a-…)]

DEUTSCH - RUSSISCH

WÖRTERBUCH

Mensch *(Singular)* человéк [tschilawʲék]; *(Plural)* люди [lʲúdʲi]
Menü кóмплексное блюдо [kómplʲikßnʌje blʲúdʌ]
Messer нож [nosch]
Meter метр [mʲétr]
Metzgerei мяснáя лáвка [mʲißnájʌ láfkʌ]
Miete арéнда [arʲéndʌ]
mieten брать/взять напрокáт [bratʲ/wsʲatʲ nʌprakát]; *(Wohnung)* снимáть/снять [ßnʲimátʲ/ ßnʲatʲ]
Milch молокó [mʌlakó]
mindestens по мéньшей мéре [pa-mʲénʲschyj mʲérʲi]
Minibar *(Eisenbahn)* передвижнóй буфéт [pʲirʲidwʲishnój bufʲét]; *(Hotelzimmer)* мúни-бар [mʲínʲi-bar]
Minute минýта [mʲinútʌ]
mit с *(+ Instrumental)* [ß-…]
mitbringen приносúть/ принестú [prʲinaßʲítʲ/ prʲinʲißʲtʲí]
mitnehmen брать/взять с собóй [bratʲ/wsʲatʲ ß-ßabój]
Mittag пóлдень [póldʲinʲ]
Mittagessen обéд [abʲét]
mittags в пóлдень [f-póldʲinʲ]
Mitte середúна [ßʲirʲidʲínʌ]
Mitteilung сообщéние [ßʌapschtschénʲije]
Mittwoch средá [ßrʲidá]
Möbel мéбель [mʲébʲilʲ]
Mode мóда [módʌ]
modern мóдный [módnyj]
mögen *(wollen)* хотéть/ захотéть [chatʲétʲ/ sʌchatʲétʲ]; *(gern ~)* любúть *(imperfektiv)* [lʲubʲítʲ]
möglich возмóжный [wasmóshnyj]
Monat мéсяц [mʲéßʲiz]
Mond лунá [luná]
Montag понедéльник [pʌnʲidʲélʲnʲik]
Morgen ýтро [útrʌ]
Motor двúгатель [dwʲígʌtʲilʲ]
Motorboot мотóрная лóдка [matórnʌjʌ lótkʌ]
Mountainbike гóрный велосипéд [górnyj wʲilʌßʲipʲét]
Mücke комáр [kamár]
müde устáлый [ußtályj]
Müll мýсор [múßʌr]
Mülltonne мусоросбóрник [mußʌrasbórnʲik]
Mund рот [rot]
Münze монéта [manʲétʌ]
Muschel ракýшка [rakúschkʌ]
Museum музéй [musʲéj]
Musik мýзыка [músykʌ]
Mutter мать [matʲ]

N

nach *(örtl.)* в *(+ Akkusativ)* [f-…]; к *(+ Dativ)* [k-…]; *(zeitl.)* пóсле *(+ Genitiv)* [póßlʲi …]
Nachbar(in) сосéд(ка) [ßaßʲét(kʌ)]
nachmittags пóсле обéда [póßlʲi abʲédʌ]
Nachricht извéстие [iswʲéßʲtʲije]
nächst *(~folgend)* слéдующий [ßlʲédujuschtschij];
Nacht ночь [notsch]
Nachtisch десéрт [dʲißʲért]

Nachtklub ночно́й клуб [natschnój klup]
nachts но́чью [nótschju]
nah *(als Adverb)* бли́зко [blʲíßkʌ]
nähen зашива́ть/заши́ть [sʌschywátʲ/saschýtʲ]
Name *(Vor~)* и́мя [ímʲʌ]; *(Vaters~)* о́тчество [ótschißtwʌ]; *(Familien~)* фами́лия [famʲílʲijʌ]
Nase нос [noß]
nass мо́крый [mókryj]
Navigationsgerät навигацио́нная систе́ма [nʌwʲigʌzyónnʌjʌ ßʲißʲtʲémʌ]
Natur *(Umwelt)* приро́да [prʲiródʌ]
natürlich *(echt)* есте́ственный [jißʲtʲéßtwʲinyj]; *(Adverb: gewiss doch)* коне́чно [kanʲéschnʌ]
Nebel тума́н [tumán]
neben ря́дом с *(+ Instrumental)* [rʲádʌm ß-...]
nehmen брать/взять [bratʲ/wsʲatʲ]
nervös не́рвный [nʲérwnyj]
nett любе́зный [lʲubʲésnyj]
Netz се́тка [ßʲétkʌ]
neu но́вый [nówyj]
neugierig любопытный [lʲubapytnyj]
Neujahr Но́вый год [nówyj got]
nicht не [nʲi-...]; нет [nʲét];
Nichtraucher некуря́щий [nʲikurʲáschtschij]
nichts ничего́ [nʲitschiwó]
nie никогда́ [nʲikagdá]
niedrig ни́зкий [nʲíßkʲij]
niemand никто́ [nʲiktó]
Nieren по́чки [pótschki]
niesen чиха́ть/чихну́ть [tschichátʲ/tschichnútʲ]
nirgends нигде́ [nʲigdʲé]
noch ещё [jischtschó]
Norden се́вер [ßʲéwʲir]
normal норма́льный [narmálʲnyj]
Notausgang запасно́й выход [sʌpaßnój wýchʌt]
Notebook ноутбу́к [noudbúk]
Notfall кра́йний слу́чай [krájnʲij ßlútschij]
notwendig необходи́мый [nʲiʌpchadʲímyj]
November ноя́брь [najábrʲ]
nüchtern тре́звый [trʲéswyj]
Nudeln мака́роны *(Plural)* [mʌkaróny]; лапша́ [lapschá]
Nummer но́мер [nómʲir]
nur то́лько [tólʲkʌ]
Nuss оре́х [arʲéch]

O

ob *(Fragepartikel)* ли [lʲi]
oben наверху́ [nʌwʲirchú]
Obst фру́кты *(Plural)* [frúkty]
obwohl хотя́ [chatʲá]
oder и́ли [ílʲi]
offen откры́тый [atkrýtyj]
öffentlich обще́ственный [apschtschéßtwʲinyj]
offiziell официа́льный [afʲizyálʲnyj]
öffnen открыва́ть/откры́ть [atkrywátʲ/atkrytʲ]
Öffnungszeiten часы рабо́ты [tschißý rabóty]
oft ча́сто [tscháßtʌ]
ohne без *(+ Genitiv)* [bʲíß-...]
Ohr *(Singular)* у́хо [úchʌ]; *(Plural)* у́ши [úschy]

Ohrringe серьги [ßʲérʲgʲi]
Oktober октябрь [aktʲábrʲ]
Öl масло [máßlʌ]
Oper опера [ópʲirʌ]
orange оранжевый [aránshywyj]
Orchester оркестр [arkʲéßtr]
Ort место [mʲéßtʌ]
Osten восток [waßtók]
Ostern Пасха (Христова) [páßchʌ (chrʲißtówʌ)]

P

Paar пара *(+ Genitiv Plural)* [párʌ]
Päckchen бандероль [bʌndyrólʲ]
Paket посылка [paßýlkʌ]
Panne авария [awárʲijʌ]
Pannendienst аварийная служба [awarʲíjnʌjʌ ßlúshbʌ]
Papier бумага [bumágʌ]
Papier бумажный [bumáshnyj]
Papiere документы [dʌkumʲénty]
Paprika *(~schote)* перец [pʲérʲiz]
Park парк [park]
parken ставить/поставить машину [ßtáwʲitʲ/paßtáwʲitʲ maschýnu]
Parkplatz стоянка [ßtajánkʌ]; автостоянка [aftʌßtajánkʌ]
Party вечеринка [wʲitschirʲínkʌ]
Pass *(Dokument)* паспорт [páßpʌrt]; *(Gebirgs~)* горный переход [górnyj pʲirʲichót]
Passagier(in) пассажир(ка) [pʌßashýr(kʌ)]
passen подходить/подойти [pʌtchadʲítʲ/pʌdajtʲí]
Passkontrolle паспортный контроль [páßpʌrtnyj kantrólʲ]
Passwort пароль [parólʲ]
Pauschalpreis общая цена [ópschtschʌjʌ zyná]
Pause перерыв [pʲirʲirýf]; *(Bühne)* антракт [antrákt]
Pension пансион [pʌnßʲión]
Person личность [lʲítschnʌßʲtʲ]
Personalausweis удостоверение личности [udʌßtʌwʲirʲénʲije lʲítschnʌßʲtʲi]
Personalien личные сведения [lʲítschnyji ßwʲédʲinʲijʌ]
persönlich личный [lʲítschnyj]
Pfeffer перец [pʲérʲiz]
Pferd лошадь [lóschʌtʲ]
Pflanze растение [raßʲtʲénʲije]
Pflaster пластырь [pláßtyrʲ]
Pilz гриб [grʲib]
Plastik пластмасса [plaßmáßʌ]
Platz площадь *(f)* [plóschtschʌtʲ]
plötzlich *(als Adjektiv)* внезапный [wnʲisápnyj]; *(als Adverb)* вдруг [wdruk]
Polizei полиция [palʲízyjʌ]
Portier швейцар [schwʲijzár]; портье [partʲjé]
Portion порция [pórzyjʌ]
Porto почтовый сбор [patschtówyj sbor]
Postkarte открытка [atkrýtkʌ]
Preis цена [zyná]

WÖRTERBUCH DEUTSCH - RUSSISCH

privat частный [tscháßtnyj]
Problem проблема [prablʲémʌ]
Produkt произведение [prʌiswʲidʲénʲije]; продукт [pradúkt]
Programm программа [pragrámʌ]
Prospekt проспект [praßpʲékt]
Prozent процент [prazä́nt]
Pullover свитер [ßwʲítär]
pünktlich точный [tótschnyj]; пунктуальный [punktuálʲnyj]
putzen убирать/убрать [ubʲirátʲ/ubrátʲ]; *(etwas reinigen)* чистить/почистить [tschíßʲtʲitʲ/patschíßʲtʲitʲ]

Q

Qualität качество [kátschißtwʌ]
Quittung квитанция [kwʲitánzyjʌ]

R

Rabatt скидка [ßkʲítkʌ]
Rad колесо [kʌlʲißó]
Rad fahren кататься на велосипеде [katázʌ nʌ-wʲilʌßʲipʲédʲi]
Radio радио [rádʲiʌ]
Radtour велотур [wʲilatúr]
Rasierapparat электробритва [älʲektrabrʲítwʌ]
Raststätte (авто)стоянка [(aftʌ)ßtajánkʌ]
Rat совет [ßawʲét]
rauchen *(Tabak)* курить/покурить [kurʲítʲ/pʌkurʲítʲ]
Raucher курящий [kurʲáschtschij]
Raum помещение [pʌmʲischtschénʲije]
Rechnung счёт [schtschót]
rechter правый [práwyj]
rechts направо [napráwʌ]
Rechtsanwalt адвокат [adwakát]
rechtzeitig *(als Adjektiv)* своевременный [ßwajiwrʲémʲinnyj]; *(als Adverb)* вовремя [wówrʲimʲʌ]
reden говорить/поговорить [gʌwarʲítʲ/pʌgʌwarʲítʲ]
regelmäßig регулярный [rʲigulʲárnyj]
Regen дождь [doschtʲ]
Regie режиссура [rʲishyßúrʌ]
Regierung правительство [prawʲítʲilʲßtwʌ]
Region регион [rʲigʲión]
reich богатый [bagátyj]
Reifen шина [schýnʌ]
reinigen чистить/почистить [tschíßʲtʲitʲ/patschíßʲtʲitʲ]
Reinigung чистка [tschíßtkʌ]
Reis рис [rʲiß]
Reise поездка [pajéßtkʌ]
Reisebüro турагентство [turagʲénztwʌ]
Reiseführer путеводитель [putʲiwadʲítʲilʲ]
reisen путешествовать/попутешествовать [putʲischä́ßtwʌwʌtʲ/pʌputʲischä́ßtwʌwʌtʲ]
Reisepass (заграничный) паспорт

[(sʌgranʲítschnyj) páßpʌrt]

Reisetasche доро́жная су́мка [daróshnʌjʌ ßúmkʌ]

reiten е́здить верхо́м *(imperfektiv)* [jésʲdʲitʲ wʲirchóm]

reklamieren рекламировать *(imperfektiv u. perfektiv)* [rʲiklamʲírʌwʌtʲ]

Religion религия [rʲilʲígʲijʌ]

rennen *(hin und zurück)* бе́гать *(imperfektiv)* [bʲégʌtʲ]; *(in eine Richtung)* бежа́ть/побежа́ть [bʲishátʲ/pʌbʲishátʲ]

Reparatur ремо́нт [rʲimónt]

reparieren чини́ть/почини́ть [tschinʲítʲ/pʌtschinʲítʲ]; ремонти́ровать/отремонти́ровать [rʲimantʲírʌwʌtʲ/atrʲimantʲírʌwʌtʲ]

reservieren брони́ровать/заброни́ровать [branʲírʌwʌtʲ/sʌbranʲírʌwʌtʲ]

Reservierung брони́рование [branʲírʌwʌnʲije]

Rezept реце́пт [rʲizấpt]

Rezeption администра́ция [admʲinʲißtrázyjʌ]

richtig пра́вильный [práwʲilʲnyj]

Richtung направле́ние [nʌprawlʲénʲije]

riechen па́хнуть *(imperfektiv)* [páchnutʲ]; *(an etwas ~)* ню́хать/поню́хать [nʲúchʌtʲ/panʲúchʌtʲ]

Ring кольцо́ [kalʲzó]

Rock *(Kleidung)* ю́бка [júpkʌ]; *(~musik)* рок [rok]

roh сыро́й [ßyrój]

Rollstuhl инвали́дная коля́ска [inwalʲídnʌjʌ kalʲäßkʌ]

rosa ро́зовый [rósʌwyj]

rot кра́сный [kráßnyj]

Rücken спина́ [ßpʲiná]

Rückfahrt обра́тный путь [abrátnyj putʲ]

Rucksack рюкза́к [rʲugsák]

rückwärts обра́тно [abrátnʌ]

Ruhe споко́йствие [ßpakójßtwʲije]; *(Stille)* тишина́ [tʲischyná]

ruhig споко́йно [ßpakójnʌ]; *(still)* ти́хий [tʲíchʲij]

rund кру́глый [krúglyj]

Rundfahrt экску́рсия [äkßkúrßʲijʌ]

S

Sache вещь [wʲeschtsch]; *(Angelegenheit)* де́ло [dʲélʌ]

Safe сейф [ßʲejf]

Saft сок [ßok]

sagen говори́ть/сказа́ть [gʌwarʲítʲ/ßkasátʲ]

Sahne сли́вки [ßlʲífkʲi]

Saison сезо́н [ßʲisón]

Salat сала́т [ßalát]

Salz соль [ßolʲ]

Samstag суббо́та [ßubótʌ]

Sand песо́к [pʲißók]

Sandalen санда́лии [ßandálʲii]

Sänger(in) певе́ц (певи́ца) [pʲiwʲéz, pʲiwʲízʌ]

satt сы́тый [ßýtyj]

Satz предложе́ние [prʲidlashấnʲije]

sauber чи́стый [tschíßtyj]

sauer ки́слый [kʲíßlyj]

Sauna са́уна [ßáunʌ]; фи́нская ба́ня [fʲínßkʌjʌ bánʲʌ]

S-Bahn пригородный поезд [prʲígʌrʌdnyj pójißt]; электричка [ǻlʲiktrʲítschkʌ]
schade! Жалко! [shálkʌ!]; Жаль! [shalʲ!]
Schaden вред [wrʲét]; ущерб [uschtschérp]; *(Beschädigung)* повреждение [pʌwrʲishdʲénʲije]
Schalter выключатель [wyklʲutschátʲilʲ]
scharf острый [óßtryj]
Schatten тень [tʲenʲ]
schauen глядеть/поглядеть [glʲidʲétʲ/pʌglʲidʲétʲ]; *(an~)* смотреть/посмотреть [ßmatrʲétʲ/pʌßmatrʲétʲ]
Schere ножницы *(Plural)* [nóshnʲizy]
schicken посылать/послать [pʌßylátʲ/paßlátʲ]
Schiene шина [schýnʌ]
Schiff корабль [karáblʲ]; судно [ßúdnʌ]
Schild *(Hinweis~)* указатель [ukasátʲilʲ]; вывеска [wywʲißkʌ]
Schinken ветчина [wʲitschiná]; окорок [ókʌrʌk]
schlafen спать *(imperfektiv)* [ßpatʲ]
Schlafzimmer спальня [ßpálʲnʲi]
schlank стройный [ßtrójnyj]
schlecht плохой [plachój]
Schließfach камера хранения [kámʲirʌ chranʲénʲijʌ]
Schloss *(Tür~)* замок [samók]
Schlüssel ключ [klʲutsch]
schmal узкий [úßkʲij]
schmerzen болеть *(imperfektiv)* [balʲétʲ]
Schmuck украшение [ukraschänʲije]
schmutzig грязный [grʲásnyj]
Schnaps водка [wótkʌ]
Schnee снег [ßnʲek]
Schneider(in) портной (портниха) [partnój, partnʲíchʌ]
schnell быстрый [býßtryj]
Schnupfen насморк [náßmʌrk]
Schokolade шоколад [schʌkalát]
schön красивый [kraßʲíwyj]
schon уже [ushé]
Schrank шкаф [schkaf]
schreiben писать/написать [pʲißátʲ/nʌpʲißátʲ]
schreien кричать/закричать [krʲitschátʲ/sʌkrʲitschátʲ]
schriftlich письменный [pʲíßʲmʲinyj]
Schuhe обувь [óbufʲ]
Schule школа [schkólʌ]
Schüler(in) школьник, школьница [schkólʲnʲik, schkólʲnʲizʌ]
Schulter плечо [plʲitschó]
schwach слабый [ßlábyj]
schwarz чёрный [tschórnyj]
schwer *(als Adjektiv)* тяжёлый [tʲishólyj]; *(als Adverb)* тяжело [tʲishyló]; *(schwierig)* трудный [trúdnyj]
Schwester сестра [ßʲißtrá]
schwierig трудный [trúdnyj]
schwimmen *(hin und zurück)* плавать *(imperfektiv)* [pláwʌtʲ]
Schwimmer(in) пловец (пловчиха) [plawʲéz, plaftschíchʌ]

schwitzen потéть/вспотéть [patʲétʲ/fßpatʲétʲ]
schwül дýшный [dúschnyj]
See óзеро [ósʲirʌ]
Segelboot пáрусная лóдка [párußnʌjʌ lótkʌ]
Segelfliegen планеризм [plʌnʲirʲísm]
segeln ходи́ть под пáрусом *(imperfektiv)* [chadʲítʲ pat-párußʌm]
sehen ви́деть/уви́деть [wʲídʲitʲ/uwʲídʲitʲ]; *(an~)* смотрéть/посмотрéть [ßmatrʲétʲ/pʌßmatrʲétʲ]
Sehenswürdigkeit достопримечáтельность [dʌßtʌprʲimʲitschátʲilʲnʌßʲtʲ]
sehr óчень [ótschinʲ]
Seife мы́ло [mýlʌ]
sein быть [bytʲ]
seit *(Zeitpunkt)* с *(+ Genitiv)* [ß-...]; *(Zeitraum)* ужé ... как ... [ushé ... kak ...]
Seite сторонá [ßtʌraná]; *(Buch~)* страни́ца [ßtranʲízʌ]
Sekunde секýнда [ßʲikúndʌ]
selbst сам/самá/самó/сáми *(m/f/nt/Plural)* [ßam/ßamá/ßamó/ßámʲi]
Selbstbedienung самообслýживание [ßʌmʌapßlúshywʌnʲije]
selten рéдкий [rʲétkʲij]
Senf горчи́ца [gartschízʌ]
September сентя́брь [ßʲintʲábrʲ]
servieren сервировáть *(imperfektiv u. perfektiv)* [ßʲirwʲirawátʲ]
Serviette салфéтка [ßalfʲétkʌ]
Sessel крéсло [krʲéßlʌ]
Shampoo шампýнь [schampúnʲ]
Shorts шóрты *(Plural)* [schórty]
sicher безопáсный [bʲisapáßnyj]; *(gewiss)* увéренный [uwʲérʲinyj]; *(wahrscheinlich)* навéрное [nawʲérnʌje]
Sicherheitsgurt ремéнь безопáсности [rʲimʲénʲ bʲisapáßnʌßʲtʲi]
Silber серебрó [ßʲirʲibró]
singen петь/спеть [pʲitʲ/ßpʲitʲ]
Sitz сидéнье [ßʲidʲénʲje]
sitzen сидéть [ßʲidʲétʲ]
Ski лы́жи [lýshy]
Slip трýсики *(Plural)* [trúßʲikʲi]
Smartphone смартфóн [ßmartfón]
Socken носки́ [naßkʲí]
sofort сейчáс [ßʲitschάß]
Sohn *(Singular)* сын [ßyn]; *(Plural)* сыновья́ [ßynawʲjá]
Solarium соля́рий [ßalʲárʲij]
sollen (быть) дóлжен/должнá/должнó/должны́ *(m/f/nt/Plural; + Infinitiv)* [dólshyn/dalshná/dalshnó/dalshny]
Sommer лéто [lʲétʌ]
Sonne сóлнце [ßónzy]
Sonntag воскресéнье [wʌßkrʲißʲénʲje]
Soße сóус [ßóuß]
Souvenirladen сувени́рный магази́н [ßuwʲinʲírnyj mʌgasʲín]
spät пóздний [pósʲij]
später пóзже [póshshy]
spazieren gehen гуля́ть/погуля́ть [gulʲátʲ/pʌgulʲátʲ]
Spaziergang прогýлка [pragúlkʌ]

Speisekarte меню́ [mʲinʲú]
Spezialität *(Speise)* фи́рменное блю́до [fírmʲnnʌje blʲjúdʌ]
speziell специа́льный [ßpʲizyálʲnyj]
Spiegel зе́ркало [sʲérkʌlʌ]
Spiel игра́ [igrá]
Spielplan репертуа́р [rʲipʲirtuár]
Spielplatz де́тская площа́дка [dʲézkʌjʌ plaschtschátkʌ]
Spielsachen игру́шки [igrúschkʲi]
Sport спорт [ßport]
Sportplatz спорти́вная площа́дка [ßpartʲíwnʌjʌ plaschtschátkʌ]
Sprache язы́к [jisýk]
Sprachkurs языковы́е ку́рсы [jisykawýje kúrßy]
sprechen говори́ть/поговори́ть [gʌwarʲítʲ/pʌgʌwarʲítʲ]
Staat госуда́рство [gʌßudárßtwʌ]
Staatsangehörigkeit гражда́нство [grashdánßtwʌ]
Stadt го́род [górʌt]
Stadtplan план го́рода [plan górʌdʌ]; схе́ма го́рода [ßchʲémʌ górʌdʌ]
Stadtrundfahrt экску́рсия по го́роду [äkßkúrßʲijʌ pa-górʌdu]
Stadtzentrum центр го́рода [zéntr górʌdʌ]
stark си́льный [ßʲílʲnyj]
Station отделе́ние [addʲilʲénʲije]
stattfinden состоя́ться *(perfektiv)* [ßʌßtajázʌ]
Stau про́бка [própkʌ]; зато́р [satór]
Steckdose розе́тка [rasʲétkʌ]
stehen стоя́ть *(imperfektiv)* [ßtajátʲ]
stehlen красть/укра́сть [kraßʲtʲ/ukráßʲtʲ]
Stein ка́мень [kámʲinʲ]
Stern звезда́ [swʲisdá]
Stiefel сапоги́ [ßʌpagʲí]
Stil стиль [ßʲtʲilʲ]
still ти́хий [tʲíchʲij]
stinken nach воня́ть *(imperfektiv + Instrumental)* [wanʲátʲ]
Stock трость [troßʲtʲ]; па́лка [pálkʌ]
Stockwerk эта́ж [ätásch]
stören меша́ть/помеша́ть *(+ Dativ)* [mʲischátʲ/pʌmʲischátʲ]
stornieren отменя́ть/отмени́ть [atmʲinʲátʲ/atmʲinʲítʲ]
Strand пляж [plʲasch]
Straße *(Stadt)* у́лица [úlʲizʌ]; *(Land~)* доро́га [darógʌ]
Straßenbahn трамва́й [tramwáj]
Strom *(elektrischer)* ток [tok]
Stück *(Teil von etwas)* кусо́к [kußók]
studieren учи́ться *(imperfektiv)* [utschízʌ]; *(ein Fach)* изуча́ть/изучи́ть *(+ Akkusativ)* [isutschátʲ/isutschítʲ ...]
Stufe ступе́нь [ßtupʲénʲ]
Stuhl стул [ßtul]
stumm немо́й [nʲimój]
Stunde час [tschaß]
Sturm бу́ря [búrʲʌ]
suchen иска́ть/поиска́ть [ißkátʲ/paißkátʲ]
Süden юг [juk]
Summe су́мма [ßúmmʌ]
Supermarkt суперма́ркет [ßupʲirmárkʲit]
Suppe суп [ßup];

пéрвое (блю́до) [pʲérwʌje (blʲúdʌ)]
surfen занимáться сёрфингом *(imperfektiv)* [sʌnʲimázʌ ßʲórfʲingʌm]
süß слáдкий [ßlátkʲij]
Süßigkeiten слáдости *(Plural)* [ßládʌßʲtʲi]
Süßstoff сахарозаменúтель [ßʌchʌrʌsʌmʲinʲítʲilʲ]
Swimmingpool бассéйн [baßʲéjn]
sympathisch симпатúчный [ßʲimpatʲítschnyj]

T

Tabak табáк [tabák]
Tablette таблéтка [tablʲétkʌ]
Tag день [dʲenʲ]
tanken заправля́ться/заправиться (тóпливом) [sʌprawlʲázʌ/sapráwʲizʌ (tóplʲiwʌm)]
tanzen танцевáть/потанцевáть [tʌnzywátʲ/pʌtʌnzywátʲ]
Tasche сýмка [ßúmkʌ]
Taschentuch носовóй платóк [nʌßawój platók]
Tasse чáшка [tscháschkʌ]
taub глухóй [gluchój]
taubstumm глухонемóй [gluchʌnʲimój]
tauchen ныря́ть/нырнýть [nyrʲátʲ/nyrnútʲ]
Tee чай [tschaj]
Teil часть [tschaßʲtʲ]
teilnehmen (an) учáствовать (в) *(imperfektiv/+ Präpositiv)* [utscháßtwʌwʌtʲ (f-…)]
Telefon телефóн [tʲilʲifón]
telefonieren говорúть по телефóну [gʌwarʲítʲ pʌ-tʲilʲifónu]
Telefonnummer нóмер (телефóна) [nómʲir (tʲilʲifónʌ)]
Teller тарéлка [tarʲélkʌ]
Temperatur температýра [tʲimpʲiratúrʌ]
Tennis тéннис [tänʲiß]
Termin *(Arzt~)* дáта [dátʌ]; *(Verabredung)* встрéча [fßtrʲétschʌ]
Terrasse террáса [tʲiráßʌ]
teuer *(als Adjektiv)* дорогóй [dʌragój]; *(als Adverb)* дóрого [dórʌgʌ]
Theater теáтр [tʲiátr]
tief *(als Adjektiv)* глубóкий [glubókʲij]; *(als Adverb)* глубокó [glubakó]; *(niedrig)* нúзкий [nʲíßkʲij]
Tier живóтное [shywótnʌje]
Tipp совéт [ßawʲét]
Tisch стол [ßtol]
Toast тост [toßt]
Tochter *(Singular)* дочь [dotsch]; *(Plural)* дóчери [dótschirʲi]
Toilette туалéт [tualʲét]
Toilettenpapier туалéтная бумáга [tualʲétnʌjʌ bumágʌ]
Tomate помидóр [pʌmʲidór]
Tourist(in) турúст(ка) [turʲíßt(ka)]
tragen носúть *(imperfektiv)* [naßʲítʲ]
Traum сон [ßon]; *(Wunsch~)* мечтá [mʲitschtá]
traurig печáльный [pʲitschálʲnyj]
treffen *(jemandem begegnen)* встречáть/встрéтить *(+ Akkusativ)* [fßtrʲitschátʲ/fßtrʲétʲitʲ]; *(das Ziel ~)* попадáть/

попáсть (в) *(+ Akkusativ)* [pʌpadátʲ/papáßʲtʲ (f-…)]
Treppe лéстница [lʲéßnʲizʌ]
trinken пить/вы́пить [pʲitʲ/wýpʲitʲ]
Trinkgeld чаевы́е [tschijiwýje]
trocken сухóй [ßuchój]
trocknen *(trocken werden)* сóхнуть/вы́сохнуть [ßóchnutʲ/wýßychnutʲ]; *(trocken machen)* суши́ть/вы́сушить [ßuschýtʲ/wýßuschytʲ]
trotzdem всё-таки [fßʲó-tʌkʲi]
T-Shirt футбóлка [fudbólkʌ]
tun дéлать/сдéлать [dʲélʌtʲ/sdʲélʌtʲ]
Tür дверь [dwʲerʲ]

U

U-Bahn метрó [mʲitró]
über *(räumlich)* над *(+ Instrumental)* [nat-…]; *(von)* о *(+ Präposition)* [a…]; *(~ … hin~)* чéрез *(+ Akkusativ)* [tschérʲiß-…]; *(mehr als)* бóлее *(+ Genitiv)* [bólʲije …]
überall вездé [wʲisʲdʲé]
übermorgen послезáвтра [pʌßlʲisáftrʌ]
übernachten ночевáть/переночевáть [nʌtschiwátʲ/pʲirʲinʌtschiwátʲ]
Übernachtung ночлéг [natschlʲék]
übersetzen *(über Fluss)* переправля́ть(ся)/ переправить(ся) (через) *(+ Akkusativ)* [pʲirʲiprawlʲátʲ(ßʲʌ)/ pʲirʲipráwʲitʲ(ßʲʌ) (tschérʲiß-…)]; *(aus einer Sprache in eine andere)* переводи́ть/перевести́ (с… на…) *(+ Genitiv/+ Akkusativ)* [pʲirʲiwadʲítʲ/ pʲirʲiwʲißʲtʲí (ß-… na…)]
Übersetzung перевóд [pʲirʲiwót]
Überweisung (дéнежный) перевóд [(dʲénʲishnyj) pʲírʲiwót]
üblich обы́чный [abýtschnyj]
Ufer бéрег [bʲérʲik]
um *(~ herum)* вокрýг *(+ Genitiv)* [wakrúk]; *(~… Uhr)* в *(+ Akkusativ)* [f-…]; *(~ zu)* чтóбы *(+ Infinitiv)* [schtóby]
umbuchen меня́ть/поменя́ть [mʲinʲátʲ/ pʌmʲinʲátʲ]
Umgebung окружéние [akrushänʲije]
umkehren поворáчивать/ повернýть обрáтно [pʌwarátschiwʌtʲ/ pʌwʲirnútʲ abrátnʌ]
umtauschen обмéнивать/ обменя́ть [abmʲénʲiwʌtʲ/ abmʲinʲátʲ]
und и [i]; а [a]
Unfall *(Unglück)* несчáстный слýчай [nʲischtschäßnyj ßlútschij]; *(kleiner ~)* авáрия [awárʲijʌ]; *(Verkehrs~)* дорóжно-трáнспортное происшéствие [daróshna-tránßpʌrtnʌje prʌischäßtwʲije]; ДТП [dä-tä-pä]

ungefähr примéрно [prʲimʲérnʌ]
Universität университéт [unʲiwʲirßʲitʲét]
unten внизý [wnʲisú]
unter под *(+ Instrumental)* [pʌt-…]; *(als Adjektiv)* нúжний [nʲíshnʲij]
Unterkunft ночлéг [natschlʲék]
unterschreiben подпúсывать/подписáть [patpʲíßywʌtʲ/pʌtpʲißátʲ]
Unterschrift пóдпись [pótpʲißʲ]
unterwegs в дорóге [w-darógʲi]
Urlaub óтпуск [ótpußk]

V

Vater отéц [atʲiéz]
vegetarisch вегетариáнский [wʲigʲitʌrʲiánßkʲij]
Ventilator вентилятор [wʲintʲilʲátʌr]
Verabredung встрéча [fßtrʲétschʌ]
Veranstaltung мероприятие [mʲirʌprʲijátʲije]
verantwortlich ответственный [atwʲéztwʲinyj]
verbinden свя́зывать/связáть [ßwʲasywʌtʲ/ßwʲisátʲ]; *(Verletzung)* перевя́зывать/перевязáть [pʲirʲiwʲásywʌtʲ/pʲirʲiwʲisátʲ]
Verbindung *(Telefon)* связь [ßwʲaßʲ]
verboten! запрещенó! [sʌprʲischtschinó]
vereinbaren договáриваться/договорúться [dʌgawárʲiwʌzʌ/dʌgʌwarʲízʌ]
Vergangenheit прóшлое (врéмя) [próschlʌje (wrʲémʲʌ)]
vergessen забывáть/забы́ть [sʌbywátʲ/sabytʲ]
Vergnügungspark парк с аттракциóнами [park ß-ʌtrʌkzyónʌmʲi]
verhaften арестовáть *(imperfektiv u. perfektiv)* [arʲißtawátʲ]
verheiratet *(mit einer Frau)* женáт [shynát]; *(mit einem Mann)* зáмужем [sámushym]
Verhütungsmittel противозачáточное [prʌtʲiwʌsatschátʌt schnʌje]
verkaufen продавáть/продáть [prʌdawátʲ/pradátʲ]
Verkehr *(Straßen~)* движéние [dwʲishánʲije]
Verkehrsamt бюрó обслýживания турúстов [bʲuró apßlúshywʌnʲijʌ turʲíßtʌf]
verlängern удлинять/удлинúть [udlʲinʲátʲ/udlʲinʲítʲ]; *(zeitlich fortsetzen)* продолжáть/продóлжить [prʌdalshátʲ/pradólshytʲ]
verletzen рáнить/порáнить [ránʲitʲ/paránʲitʲ]
Verletzung ранéние [ranʲénʲije]
verlieren терять/потерять [tʲirʲátʲ/pʌtʲirʲátʲ]
vermieten сдавáть/сдать напрокáт [sdawátʲ/sdatʲ nʌprakát]
verpassen пропускáть/пропустúть [prʌpußkátʲ/prʌpußʲtʲítʲ];

(zu spät kommen) опаздывать/опоздáть (на) *(+ Akkusativ)* [apásdywʌtʲ/apasdátʲ (nʌ…)]
verschieben *(verlegen)* откладывать/отложи́ть [atkládywʌtʲ/atlashýtʲ]
Versicherung страховáние [ßtrʌchawánʲije]
Verspätung опоздáние [apasdánʲije]
verstehen понимáть/поня́ть [pʌnʲimátʲ/panʲátʲ]
versuchen *(probieren)* прóбовать/попрóбовать [próbʌwʌtʲ/papróbʌwʌtʲ]; *(sich bemühen)* пытáться/попытáться [pytázʌ/pʌpytázʌ]
Vertrag договóр [dʌgawór]
Vertrauen довéрие (к) *(+ Dativ)* [dawʲérʲije (k-…)]
Verwaltung администрáция [admʲinʲißtrázyjʌ]
verwandt рóдственный [róztwʲinnyj]
viel мнóго [mnógʌ]
vielleicht мóжет быть [móshyt bytʲ]
Virus ви́рус [wʲíruß]
Visum ви́за [wʲísʌ]
Vogel пти́ца [ptʲízʌ]
Volk нарóд [narót]
voll пóлный [pólnyj]
Vollpension пóлный пансиóн [pólnyj pʌnßʲión]
von от *(+ Genitiv)* [at-…]; из *(+ Genitiv)* [iß-…]; с *(+ Genitiv)* [ß-…]; *(über)* о *(+ Präpositiv)* [a-…]
vor пéред *(+ Instrumental)* [pʲérʲit-…]; *(~ einem Zeitpunkt)* до *(+ Genitiv)* [dʌ-…]; *(~ einem Zeitraum)* … томý назáд [… tamú nasát];
vorbereiten готóвить/приготóвить [gatówʲitʲ/prʲigatówʲitʲ]
vorgestern позавчерá [pʌsʌftschirá]
vorher *(früher)* рáньше [ránʲsche]; *(zuvor)* перед тем [pʲirʲid-tʲém]
vormittags до обéда [dʌ-abʲédʌ]
Vorname и́мя [ímʲʌ]
Vorschlag предложéние [prʲidlashánʲije]
Vorschrift предписáние [prʲitpʲißánʲije]; инстрýкция [inßtrúkzyjʌ]
Vorsicht! Осторóжно! [aßtaróshnʌ!]
vorsichtig осторóжный [aßtaróshnyj]
Vorspeise закýска [sakúßkʌ]
Vorstellung представлéние [prʲiztawlʲénʲije]; *(Theater~)* спектáкль [ßpʲiktáklʲ]; *(Kino~)* сеáнс [ßʲiánß]
Vorteil выгода [wygʌdʌ]
Vorwahlnummer телефóнный код [tʲilʲifónnyj kot]
vorwärts вперёд [fpʲirʲót]

W

wählen выбирáть/вы́брать [wybʲirátʲ/wýbrʌtʲ]
wahr вéрный [wʲérnyj]
während во врéмя *(+ Genitiv)* [wa-wrʲémʲʌ]
wahrscheinlich верóятный [wʲirajátnyj]
Währung валю́та [walʲútʌ]
Wahrzeichen си́мвол [ßʲímwʌl]
Wald лес [lʲéß]
Wand стенá [ßʲtʲiná]
Wanderkarte тури́стская кáрта [turʲíßßkʌjʌ kártʌ]

Wanderweg тури́стская тропа́ [turʲíßßkʌjʌ trapá]
warm тёплый [tʲóplyj]
warten ждать/подожда́ть [shdatʲ/pʌdashdátʲ]
was что [schto];
Waschbecken ра́ковина [rákʌwʲinʌ]
Wäsche *(Textilien)* бельё [bʲilʲjó]; *(Waschen)* сти́рка [ßʲtʲírkʌ]
waschen мыть/вы́мыть [mytʲ/wýmytʲ]; *(Wäsche)* стира́ть/высти́рать [ßʲtʲirátʲ/wýßʲtʲirʌtʲ];
Wasser вода́ [wadá]
Wasser во́дный [wódnyj]
Wasserhahn кран [kran]
Wechsel переме́на [pʲirʲimʲénʌ]; сме́на [ßmʲénʌ]
wecken буди́ть/разбуди́ть [budʲítʲ/rʌsbudʲítʲ]
Weg доро́га [darógʌ]; путь [putʲ]
weg прочь [protsch]
wegen из-за *(+ Genitiv)* [is-sʌ…]
weggehen уходи́ть/уйти́ [uchadʲítʲ/ujtʲí]
Weihnachten *(7.1.)* Рождество́ Христо́во [rʌshdʲißtwó chrʲißtówʌ]
weil потому́ что [pʌtamú schtʌ]; *(da)* так как [tak kak]
Wein вино́ [wʲinó]
weinen пла́кать *(imperfektiv)* [plákʌtʲ]
weiß бе́лый [bʲélyj]
weit *(als Adjektiv)* далёкий [dalʲókʲij]; *(als Adverb)* далеко́ [dʌlʲikó]
Welt мир [mʲir]; свет [ßwʲét]
wenig ма́ло [málʌ]; немно́го [nʲimnógʌ]
wenn *(sobald als)* когда́ [kagdá]; *(sofern)* е́сли [jéßlʲi]
werden станови́ться/стать [ßtʌnawʲízʌ/ßtatʲ]
Wertsachen це́нные ве́щи [zǟnnyje wʲéschtschi]
westlich за́падный [sápʌdnyj]
wichtig ва́жный ['wáshnyj]
wie как [kak]
wieder опя́ть [apʲátʲ]
wiederholen повторя́ть/повтори́ть [pʌftarʲátʲ/pʌftarʲítʲ]
wiederkommen возвраща́ться/возврати́ться [wʌswraschtscházʌ/wʌswratʲízʌ]
Wiese луг [luk]
Willkommen! Добро́ пожа́ловать! [dabró pashálʌwʌtʲ!]
Wind ве́тер [wʲétʲir]
Winter зима́ [sʲimá]
wirklich действи́тельный [dʲißtwʲítʲilʲnyj]; *(echt)* настоя́щий [nʌßtajáschtschij]
wissen знать *(imperfektiv)* [snatʲ]
WLAN Wi-Fi [waj-fáj]
Woche неде́ля [nʲidʲélʲʌ]
wohnen жить *(imperfektiv)* [shytʲ]
Wohnmobil ке́мпер [kǟmpʲir]
Wohnort местожи́тельство [mʲißtashýtʲilʲßtwʌ]
Wohnung кварти́ра [kwartʲírʌ]

Wohnwagen трейлер [trajl^jir]; караван [kʌrawán]
Wolke облако [óblʌkʌ]
Wort слово [ßlówʌ]
wünschen желать/пожелать [shylát^j/pʌshylát^j]
Wurst колбаса [kʌlbaßá]
würzen приправлять/приправить [pr^{j}iprawl^{j}át^j/pr^{j}ipráw^{j}it^j]
wütend бешеный [b^{j}éschynyj]

Y

Yoga йога [jógʌ]

Z

Zahl число [tschißló]
zahlen платить/заплатить [plat^{j}ít^j/sʌplat^{j}ít^j]
zählen считать/сосчитать [schtschitát^j/ßʌschtschitát^j]
Zahlung платёж [plat^{j}ósch]
Zahn зуб [sup]
Zahnbürste зубная щётка [subnájʌ schtschótkʌ]
Zahnpasta зубная паста [subnájʌ páßtʌ]
Zehe палец (на ноге) [pál^{j}iz (nʌ-nag^{j}é)]
zeichnen рисовать/нарисовать [r^{j}ißawát^j/nʌr^{j}ißawát^j]
zeigen показывать/показать [pakásywʌt^j/pʌkasát^j]; *(hinweisen)* указывать/указать [ukásywʌt^j/ukasát^j]
Zeit время [wr^{j}ém^{j}ʌ]
Zeitung газета [gas^{j}étʌ]
Zelt палатка [palátkʌ]
zelten жить в палатке *(imperfektiv)* [shyt^j f-palátk^{j}i]
Zentimeter сантиметр [ßʌnt^{j}im^{j}étr]
zentral центральный [zyntrál^{j}nyj]
Zentrum центр [zántr]
ziehen тянуть/потянуть [t^{j}inút^j/pʌt^{j}inút^j]
Zigarette сигарета [ß^{j}igar^{j}étʌ]
Zimmer комната [kómnʌtʌ]
Zirkus цирк [zyrk]
Zitrone лимон [l^{j}imón]
Zoll *(Abgabe)* пошлина [póschl^{j}inʌ]; *(Behörde)* таможня [tamóshn^{j}ʌ]
Zoo зоопарк [sʌapárk]
zu к *(+ Dativ)* [k-…]; *(um ~)* чтобы [schtóby]
zubereiten приготовлять/приготовить [pr^{j}igʌtawl^{j}át^j/pr^{j}igatów^{j}it^j]
Zucker сахар [ßáchʌr]
zuerst сначала [ßnatschálʌ]
zufällig случайный [ßlutschájnyj]
zufrieden довольный [dawól^{j}nyj]; *(zufriedengestellt)* удовлетворённый [udʌwl^{j}itwar^{j}ónyj]
Zug поезд [pójißt]
Zugang вход [fchot]
Zukunft будущее [búduschtschije]
zuletzt наконец [nʌkan^{j}éz]
Zunge язык [jisýk]

zurück назáд [nasát]
zurückbringen приноси́ть/принести́ обрáтно [prʲinaßʲítʲ/prʲinʲißʲtʲí abrátnʌ]
zurückfahren éхать/поéхать назáд [jéchʌtʲ/pajéchʌtʲ nasát]
zurückgeben возвращáть/вернýть [wʌswraschtschátʲ/wʲirnútʲ]
zurückkehren возвращáться/вернýться [wʌswraschtscházʌ/wʲirnúzʌ]
zusagen *(versprechen)* обещáть *(imperfektiv u. perfektiv)* [abʲischtschátʲ]
zusammen вмéсте [wmʲéßʲtʲi]; *(zugleich)* одноврéменно [adnawrʲémʲinnʌ]
zusätzlich дополни́тельный [dʌpalnʲítʲilʲnyj]
Zuschlag доплáта [daplátʌ]
zuständig компетéнтный [kʌmpʲitʲéntnyj]; *(verantwortlich)* соответствующий [ßʌatwʲéztwujus chtschij]
Zwiebel лук (рéпчатый) [luk (rʲéptschʌtyj)]
zwischen мéжду *(+ Instrumental)* [mʲéshdu]

BILDQUELLEN

*=Shutterstock

1. (saiko3p)/*, 9. (Ivan Kurmyshov)/*, 10. (Anton Papulov)/*, **23.** (Shirokikh Aleksei)/*, **28.** (Kekyalyaynen)/*, **56.1** (TTstudio)/*, **56.2** (kosmos111)/*, **56.3** (V_E)/*, **56.4** (V_E)/*, **56.5** (De Visu)/*, **56.6** (Tatiana Popova)/*, **56.7** (Catarina Belova)/*, **56.8** (Galina Savina)/*, **56.9** (Minute of love)/*, **57.** (freeskyline)/*, **60.** (foto-knip)/Fotolia, **75.1** (Giuseppe Lancia)/Fotolia, **75.2** (Jiri Hera)/Fotolia, **75.3** (roobcio)/Fotolia, **75.4** (Andrey Starostin)/Fotolia, **75.5** (R鮭 MASSEGLIA)/Fotolia, **75.6** (Andrei Nekrassov)/Fotolia, **75.7** (Dani Vincek)/Fotolia, **75.8** (HelleM)/Fotolia, **75.9** (Hemera)/Thinkstock, **75.10** (BSANI)/Fotolia, **75.11** (felinda)/Fotolia, **75.12** (Dionisvera)/Fotolia, **75.13** (malerapaso)/iStockphoto, **75.14** (pedrolieb)/Fotolia, **75.15** (ExQuisine)/Fotolia, **75.16** (Picture Partners)/Fotolia, **75.17** (Gaetan Soupa)/Fotolia, **75.18** (chengyuzheng)/Getty Images, **75.19** (lunamarina)/Fotolia, **75.20** (khorzhevska)/Getty Images, **76.1** (Savvapanf Photo)/*, **76.2** (valeriy555)/*, **76.3** (Andreas F.)/Fotolia, **76.4** (Sergii Moscaliuk)/Fotolia, **76.5** (Corinna Gisseman)/Fotolia, **76.6** (Valentyn Volkov)/*, **76.7** (Spalnic)/*, **76.8** (Valentin Zvegintsev)/*, **76.9** (baibaz)/*, **76.10** (Ton Wanniwat)/*, **76.11** (Marius Graf)/Fotolia, **76.12** (alain wacquier)/Fotolia, **76.13** (Ivaschenko Roman)/*, **76.14** (Tatiana Volgutova)/*, **76.15** (ExQuisine)/Fotolia, **76.16** (Piovanello)/Fotolia, **76.17** (Aleksandr Sulga)/*, **76.18** (Oleksandr Berh)/*, **76.19** (gtranquillity)/Fotolia, **76.20** (DustyPixel)/*, **77.1** (Oleksiy Ilyashenko)/Fotolia, **77.2** (valeriy555)/Fotolia, **77.3** (valeriy555)/Fotolia, **77.4** (valeriy555)/Fotolia, **77.5** (valeriy555)/Fotolia, **77.6** (Popova Olga)/Fotolia, **77.7** (valeriy555)/Fotolia, **77.8** (Malyshchyts Viktar)/Fotolia, **77.9** (Popova Olga)/Fotolia, **77.10** (valeriy555)/Fotolia, **77.11** (valeriy555)/Fotolia, **77.12** (assalve)/Getty Images, **77.13** (valeriy555)/Fotolia, **77.14** (EtiAmmos)/Getty Images, **77.15** (valeriy555)/Fotolia, **77.16** (valeriy555)/Fotolia, **77.17** (serebryakova)/Getty Images, **77.18** (valeriy555)/Fotolia, **77.19** (Selektor)/Getty Images, **77.20** (valeriy555)/Fotolia, **78.1** (valeriy555)/Fotolia, **78.2** (Anna Kucherova)/Fotolia, **78.3** (Irochka)/Fotolia, **78.4** (valeriy555)/Fotolia, **78.5** (valeriy555)/Fotolia, **78.6** (valeriy555)/Fotolia, **78.7** (valeriy555)/Fotolia, **78.8** (valeriy555)/Fotolia, **78.9** (Schlierner)/Fotolia, **78.10** (jerome signoret)/Fotolia, **78.11** (Malyshchyts Viktar)/Fotolia, **78.12** (stock_colors)/iStockphoto, **78.13** (bergamont)/Getty Images, **78.14** (valeriy555)/Fotolia, **78.15** (valeriy555)/Fotolia, **78.16** (photomaru)/Getty Images, **78.17** (margo555)/Fotolia, **78.18** (valeriy555)/Fotolia, **78.19** (Sandra Caldwell)/iStockphoto, **78.20** (valeriy555)/Fotolia, **79.** (mikolajn)/*, **96.** (tatyaro)/*, **102.1** (Shcherbakov Ilya)/*, **102.2** (mangostock)/Fotolia, **102.3** (Lew Robertson)/Getty Images, **102.4** (Alex Tihonov)/Fotolia, **102.5** (katemedvedeva)/*, **102.6** (Andres Rodriguez)/Fotolia, **102.7** (Mariana Mast)/*, **102.8** (woff)/*, **102.9** (Evdoha_spb)/*, **102.10** (Venera Salman)/*, **102.11** (valemaxxx)/*, **102.12** (aijaphoto)/*,

103. (inxti)/*, **107.** (Natalia Sidorova)/*, **117.** (Gina Sanders)/Fotolia, **136.1** (koszivu)/Fotolia, **136.2** (Photographee.eu)/Fotolia, **136.3** (davis)/Fotolia, **136.4** (playstuff)/Fotolia, **136.5** (Siberian Photographer)/Getty Images, **136.6** (Photographee.eu)/Fotolia, **136.7** (Kalle Kolodziej)/Fotolia, **136.8** (Silvano Rebai)/Fotolia, **136.9** (Claudio Divizia)/Fotolia, **136.10** (Fiedels)/Fotolia, **136.11** (Birgit Reitz-Hofmann)/Fotolia, **136.12** (Gerhard Seybert)/Fotolia